MANUAL FILOSÓFICO DE SUPERVIVENCIA

RODRIGO ESCRIBANO ROCA

MANUAL FILOSÓFICO DE SUPERVIVENCIA

¿Cómo ser virtuoso, feliz y poderoso en el mundo de hoy?

Prólogo por
José Antonio Valdivia Fuenzalida

Marcial Pons
Madrid | Barcelona | Buenos Aires | São Paulo
2025

© Rodrigo Escribano Roca
© Marcial Pons, Ediciones de Historia, S. A.
Tamayo y Baus, 7, 1.º Izq. – 28004 Madrid
☏913 043 303
✉ edicioneshistoria@marcialpons.es
ISBN: 978-84-19892-31-7
Depósito Legal: M 5658-2025

Diseño de cubierta: Ene Estudio Gráfico
Impresión: Safekat, S. L.
Madrid 2025

A mis estudiantes de la Universidad Adolfo Ibáñez.

A Pelao Valdivia, Marcos Alonso y Rebeca Viñuela.

A mis amigos de Chile.

A Laura Simón Lorenzo, que realizó labores de asesoramiento empresarial para perfeccionar la dimensión divulgativa del libro.

ÍNDICE

CAPÍTULO III. ¿CÓMO SER PODEROSO?
EL MAQUIAVELISMO 103

CONCLUSIÓN. EL ARTE DE PERDERSE EN LAS IDEAS.... 141

BIBLIOGRAFÍA Y FILMOGRAFÍA 147

PRÓLOGO

En la *Rebelión de las masas*, Ortega prevenía de los peligros a los que estaban expuestas las nuevas generaciones a causa del estado en que, según él, se habría encontrado la civilización occidental. Casi cien años más tarde, difícilmente podría admitirse que sus afirmaciones eran tan ciertas en su propio tiempo como de hecho lo son hoy. El peligro más grande al que aludía era la aparición de una nueva barbarie que, curiosamente, no se debía a la falta de civilización, sino a un exceso de esta. De acuerdo con esta tesis, las generaciones que vivían en sociedades con altos niveles de avance tecnológico, económico y cultural corrían el riesgo de olvidar el enorme trabajo que había tras todos aquellos bienes y valores de los que disfrutaban y, con ello, de olvidar también el esfuerzo renovado que se requería para que pudieran seguir reproduciéndose en el tiempo. El problema que él veía era que las nuevas generaciones tendían a perder de vista que todo lo que tenían gracias al enorme desarrollo de la civilización no era algo que la naturaleza proporcionara espontáneamente, como el aire, el agua o los árboles que nos rodean. Aunque las calles, la calefacción, los hospitales, los medios de transporte y de comunicación fueran bienes que siempre habían estado ahí para ellos, bienes cuya posesión era una cosa casi tan obvia como el oxígeno que respiraban, lo cierto es que estos provenían no solo de un arduo trabajo humano que había costado siglos, sino que eran también el fruto de concepciones de la vida bien particulares. Por lo mismo, podían no haberse producido y requerían de un permanente cultivo para seguir existiendo. En otras palabras, eran un producto histórico y contingente que bien podría desaparecer. La nueva barbarie no era sino la eventual idiotización masiva de una generación que no veía la importancia de su autocultivo intelectual y moral, porque todo lo que poseía le parecía tan obvio que no entendía por qué era necesario esforzarse para para seguir poseyéndolo. [1]

No discutiremos aquí si Ortega exageraba o no este diagnóstico para su propio tiempo, pero ¿no parece perfectamente ajustado para el nuestro? El uso masivo de tecnologías digitales ha traído consigo —que no quepa duda— muchas cosas buenas. No obstante, ¿no ha sido también ocasión para deteriorar varios aspectos de la vida humana, precisamente aquellos que tienen una gran importancia para el sostenimiento de nuestra civilización? El más evidente de todos es paradójicamente el deterioro de las relaciones humanas ahí donde se esperaría que estas mejoraran a causa de la facilidad de comunicación que dan esos mismos medios digitales. El aumento de las posibilidades de comunicación se ha pagado al precio de que las relaciones se han vuelto poco a poco más superficiales. Pero más grave aún es que el uso masivo de pantallas, sobre todo de teléfonos móviles, ha venido acompañado de un abandono progresivo de cualquier actividad que contribuya significativamente y en profundidad al cultivo de las potencias más elevadas del espíritu humano. Aunque los dispositivos electrónicos son poderosísimos instrumentos en los cuales se puede obtener prácticamente toda la información que se desee, se usan la mayor parte del tiempo para mantener intercambios superficiales con otras personas o para visualizar un volumen increíble de imágenes, memes o vídeos cortos que no exigen ni siquiera el esfuerzo simple de una atención sostenida. El tiempo que estamos dedicando a actividades que requieren tan poco trabajo intelectual está siendo arrebatado al que podríamos dedicar al cultivo de un mundo interior rico y versátil.

El intelecto humano, en todas sus facetas, es como un músculo que se atrofia si no se le utiliza de manera relativamente exigente, y las nuevas generaciones están cada vez más renuentes a aquello que reclama alguna dosis mínima de exigencia mental. El masivo desinterés por la lectura es un tópico del que se ha hablado mucho, pero ni siquiera es necesario referirse a él para ilustrar este punto en un mundo en el que la gran mayoría de los más jóvenes tienen grandes dificultades para ver una buena película sin revisar menos de diez veces su teléfono móvil. El resultado de todo ello es el empequeñecimiento de

---

[1] Cf. José ORTEGA Y GASSET, *La rebelión de las masas y otros ensayos*, Madrid: Alianza, 2020, pp. 112-119.

nuestro mundo interior, por la atrofia de nuestra capacidad de delibe-
ración moral, reflexión crítica, sensibilidad estética, etc. Lo anterior
trae implicados varios peligros, de los cuales quisiera subrayar dos.
Primero, la ausencia de cultivo de nuestro mundo interior implica
una renuncia a los goces más elevados y permanentes. Estos últimos
requieren un esfuerzo previo que puede ser arduo, y si todo el tiempo
que se puede dedicar al autocultivo interior se malgasta en actividades
superficiales, de alguna manera se está renunciando a la mejor opción
de felicidad en un contexto vital en el que casi nada depende de nuestra voluntad. Lo segundo, y tal vez peor que lo primero, es que la falta
de ese mundo interior puede ser ocasión para que nos convirtamos en
meras marionetas de los poderes fácticos, que podrán manipularnos
fácilmente bajo la ilusión de que todas nuestras decisiones son perfectamente conscientes y libres. Sin capacidad crítica es casi imposible
resistir a la fuerza de las ideas políticamente correctas de turno y esa
capacidad crítica no se obtiene sin un fuerte autocultivo interior.

El escenario descrito parece desalentador. Sin embargo, la historia está repleta de momentos en los cuales la catástrofe era inminente,
pero fue evitada gracias a la reacción de unos pocos que supieron
adaptarse a las particularidades de las nuevas generaciones y de las
nuevas sensibilidades. Nada da lo que no tiene, y no podemos esperar que, de un momento a otro, las cosas cambien mientras se siga
haciendo lo mismo de siempre. El autocultivo puede adoptar formas
muy distintas y no todas se ajustan a los cánones que hasta el momento
nos parecían más serios y aceptables. En el mundo de las redes digitales, no todo es basura y vemos emerger cada día nuevos podcast y
canales que se esfuerzan por proporcionar contenidos de alta calidad,
pero adaptados a la naturaleza de su público potencial. Más aún, se
puede observar cómo la omnipresencia de las pantallas ha sido ocasión para la creación de auténticas obras de arte que captan el interés
de un público masivo y joven, tanto en el mundo del cine como en el
de los videojuegos. Es probable que la idea según el cual «la belleza
salvará al mundo», que encontramos en *El idiota* de Dostoievski, ex-
prese una profunda verdad.

Manual filosófico de supervivencia es un intento por llevar un elevado nivel de especulación teórica a un público que no está acostumbrado a leer filosofía. Podría decirse así que se inscribe en el mismo
grupo de obras que, ante un mundo cada vez más superficial y frívolo,
intenta enriquecer la vida interior de sus lectores. Para ello, emplea

numerosos recursos discursivos que permiten que este público saque
provecho de las profundas reflexiones filosóficas que se despliegan
en él. Dante Alighieri, al principio del primer tratado del *Convivio*,
citando a Aristóteles, afirma que «todos los hombres, por naturaleza,
desean saber»[2], pero que ese deseo se puede ver impedido tanto por
razones corporales como espirituales o del alma. Refiriéndose a las razones del alma, explica que el deseo de saber se ve atrofiado «cuando
la malicia se hace fuerte en ella, haciéndola ávida de placeres viciosos,
de los cuales recibe tanto engaño que por culpa de ellos todo despre-
cia»[3]. ¿Qué hacer frente a aquellos cuya debilidad o malicia les blo-
quea ese natural deseo de saber? Dante no se resigna a abandonarlos a
su suerte y todo su *Convivio* es un intento por volver accesibles fuera
de las cátedras universitarias los conocimientos que había aprendido
de los clásicos y que habían dado un sentido renovado a su vida. Con
este propósito, su discurso debía estar adaptado a este nuevo público,
por lo que no solo escribió su obra en italiano y no en latín en pleno
siglo XIV, sino que además la redactó con un lenguaje simple y bajo
forma de comentarios a sus propios poemas:

> [...] queriendo reunirlos en torno a una mesa, pretendo hacer un
> convivio general con lo que ya les he mostrado y con el pan que se pre-
> cisa para tan noble vianda, sin el cual no la podrían comer. Tiene este
> convivio, pues, el pan apropiado, con tales viandas que pretendo que no
> resulte vano servirlas[4].

Agrega un poco después:

> Venga aquí [...] quienquiera que por obligaciones familiares o civi-
> les se halle sumido en el hambre humana y siéntese en una mesa con el
> resto de los impedidos por el mismo motivo, y a sus pies pónganse to-
> dos los que por pereza no se han movido, pues no son dignos de asiento
> más alto: y unos y otros coman mis viandas con el pan, que se las hará sa-
> borear y digerir[5].

Respetuoso de las peculiaridades del público al que busca llegar,
Rodrigo Escribano se sirve de diversos recursos que le permiten po-

---

[2] ARISTÓTELES, *Metafísica*, I, 1, 980a.
[3] Dante ALIGHIERI, *Convivio*, Madrid: Cátedra, 2005, p. 135.
[4] *Ibid.*, p. 37.
[5] *Ibid.*, p. 38.

ner a disposición de este saberes que, de otro modo, no podría ni «saborear» ni «digerir». De forma similar a como ocurría en tiempos de Dante, hoy los académicos realizan sus aportes en un lenguaje técnico que responde a las exigencias ineludibles del alto nivel de especialización de sus contribuciones. Toda la riqueza que contienen se vuelve así por completo inaccesible fuera del nicho al que están dirigidas. Por eso es por lo que se hace tan importante que se escriban libros que no solamente se expresen en un lenguaje corriente que conecte al gran público con sus preocupaciones cotidianas, sino que saque el mayor provecho posible de los elementos culturales que la vida actual ofrece. Sin renunciar ni a la profundidad ni a la rigurosidad intelectual, Escribano logra este objetivo ilustrando las ideas y problemas que plantea con situaciones extraídas de la amplia producción cinematográfica y televisiva de la que disponemos hoy, así como de anécdotas de la vida cotidiana.

Pero no debemos confundirnos. ¿Debe acaso el trabajo divulgativo limitarse a transmitir de manera simple y general los conocimientos que se atesoran en la academia?, ¿no se suele hacer esto al precio de textos superficiales que bloquean el deseo de autocultivarse en el mismo instante en que un contenido se da por aprendido? Si, junto con los contenidos, no se transmite el mismo deseo de saber o el mismo espíritu crítico que suele encontrarse entre los académicos, no se ha logrado nada. Para conjurar este peligro, *Manual filosófico de supervivencia* evita ofrecer una exposición de argumentaciones cerradas en las que las cuestiones planteadas queden resueltas. En lugar de ello, este libro deja abiertos todos los problemas que plantea, o al menos expone las soluciones dejándolas a mitad de camino, es decir, las deja en el punto justo para que sean los propios lectores quienes se vean obligados a llevar estas soluciones más lejos, o incluso a complejizar los mismos cuestionamientos. De hecho, los autores cuyos textos son objeto de exposición no son necesariamente compatibles entre sí y, en algunos puntos, contienen tesis abiertamente contradictorias. El efecto que esto puede tener en el lector es el de una sana perplejidad que incita a dar continuidad a la búsqueda, tanto ahí donde sus propios supuestos son cuestionados, como ahí donde estos dejan de presentársele como obviedades que no merecen ser el objeto de una investigación. Cabe destacar que, además de exponer las doctrinas de tres autores clásicos que constituyen su punto de partida —Aristóteles, Epicteto y Maquiavelo—, Escribano utiliza los conceptos que desarrolla para iluminar problemas de plena actualidad. En conformidad con este propósito, pone en diálogo a estos autores clásicos con una vasta selección de autores contemporáneos, lo que permite enriquecer y complementar sus análisis, entregándole al lector nuevas herramientas de comprensión de su propia realidad. Por esto mismo, la lectura de este libro abre el apetito por consultar aquellos otros libros de los cuales nos ha dado una primera muestra, precisamente porque se ofrece más como una invitación a pensar que como una lista de orientaciones vitales.

Hay que decir que el estilo de este excelente libro de divulgación filosófica es fiel a su origen, a saber, la propia actividad docente que su autor ha llevado a cabo con éxito en la Universidad Adolfo Ibáñez de Chile, en el marco de un programa de asignaturas orientadas al cultivo de ese mundo interior que arriba hemos mencionado, especialmente en base a la asignatura de filosofía *Civilización Contemporánea*[6]. Al igual que las otras asignaturas del programa, esta última está diseñada en base a dos ejes principales: la lectura y la discusión libre. Tanto los estudiantes como los profesores han de leer un conjunto de libros a lo largo del año y las clases consisten únicamente en un diálogo suscitado por las ideas que aparecen en esos libros. De esta forma, las clases no consisten en la exposición de contenidos por parte del profesor. Por el contrario, consisten en conversaciones en las que son debatidas las implicancias y alcances de las ideas que se hallan en los libros, no con el propósito directo de zanjar los problemas y cerrar los temas con soluciones preelaboradas, sino que con el de construir un espíritu crítico que despierte la curiosidad. De acuerdo con ello, el libro de Escribano da continuidad a una labor que inició en el aula y que busca incitar el autocultivo intelectual en jóvenes de las nuevas generaciones que no suelen estar acostumbrados a cuestionarse ni sus propios supuestos ni a reflexionar sobre los principios que sostienen el tipo de vida que llevan.

Ciertamente, no es casual que el hilo conductor de esta obra sea precisamente la pregunta por la felicidad, a propósito de la cual son desarrolladas varias teorías complejas, pero de gran interés. Esta pregunta es tanto más urgente por cuanto vivimos en un mundo en el que

---

[6] Me refiero al programa *Core Curriculum*, conformado por un conjunto de asignaturas humanísticas y científicas basadas en la lectura y el diálogo en clases.

tenemos una enorme cantidad de bienes materiales, una enorme cantidad de comodidades, pero en el que la mayoría del tiempo nos falta una orientación acerca de lo que da un sentido auténtico y unitario a la multiplicidad de actividades que conforman nuestras vidas. ¿Cómo podríamos aproximarnos a un problema tan complejo sin contar con algunas herramientas conceptuales que nos sirvan de punto de partida? Este libro proporciona precisamente esas herramientas conceptuales cuidando que estén presentadas de una forma que sea apta para ser utilizada por el público al cual han sido destinadas. ¿De qué serviría si no fuera así? Al mismo tiempo, evita la superficialidad en la que, de manera similar a las malas películas, caen muchos libros de divulgación filosófica actuales. Por esto mismo, también evita convertirse en una lista de recetas que nos orienten en el mundo porque, al fin y al cabo, esa orientación solo podemos dárnosla nosotros mismos cuando hemos logrado expandir las posibilidades de nuestro espíritu. En efecto, aunque tiene razón Bouveresse cuando se muestra escéptico con la posibilidad de que la filosofía pueda proporcionar directamente orientación en el pensamiento [7], no se puede negar que una mente poderosamente entrenada será de gran ayuda en la vida y la práctica de la reflexión filosófica sirve como excelente preparación.

José Antonio Valdivia Fuenzalida
Universidad Adolfo Ibáñez, Chile

---

[7] Jacques BOUVERESSE, *Pourquoi pas des philosophes?* Marseille: Agone, 2004, pp. 1-26.

INTRODUCCIÓN

DE HOJAS A PÁJAROS

A veces me siento perdido, desorientado. No sé muy bien hacia dónde voy. Me parezco a esas hojas deshechas y errabundas que sobrevuelan las aceras en otoño. Una profusión de vientos caprichosos me arrastra hacia ningún lugar. No soy capaz de definir un rumbo cierto. Hay temporadas enteras en que mis días discurren como una sucesión de sinsentidos y presiones. Trabajo demasiado y he olvidado por qué y para qué lo hago. Consulto como un obseso el diluvio de mensajes que anegan mi Gmail, mi Whatshapp, mi Instagram y no sé qué más aplicaciones. Trato de acercarme a mis compañeros y seres queridos, pero los minutos se esfuman, las interacciones son rápidas. No sé bien qué decirles para que se establezca una conexión profunda entre nosotros. Intento que mis superiores, mis allegados e incluso la gente desconocida me perciban como alguien especial, extraordinario. Sin embargo, con cada tentativa de hacerme propaganda a mí mismo —cada *story*, cada *selfie*, cada gesto solidario—, más vulgar y artificial me siento.

Estoy agotado, agotado de tanto fingir, de tanto reinventarme, de tanto buscar. Ni siquiera los días de ocio me reconcilian conmigo mismo. Al fin y al cabo, creo que mi capacidad para divertirme será el objeto de los comentarios de aquellos que escrutan con atención mis perfiles. ¿Debo hacer deporte?, ¿organizar un viaje?, ¿concurrir a algún lugar de moda?, ¿exhibir hábitos saludables?, ¿alcoholizarme?, ¿practicar todo el sexo que pueda?, ¿acudir a museos y teatros para que todos sean testigos de mi cultura?, ¿apuntarme a una ONG para demostrar mi carácter solidario?, ¿continuar trabajando para que me tengan por una persona productiva?. Percibo que muchos ojos me avasallan y me juzgan de constante. El ocio también resulta agotador. Por más que lo intento, no logro discernir lo que de verdad deseo. No consigo definir una trayectoria, un camino, un destino.

Mi desorientación no es extraordinaria. No es una patología individual. Millones de personas adolecen de esta carencia de sentido, de esta confusión perenne. Hay motivos fundados para pensar que este mal deviene de un fenómeno social. Algunos estudiosos, como Luis Sáez Rueda, hablan de una verdadera crisis de Occidente, entendido este como una civilización que solía cifrar la felicidad humana en la consagración de la libertad individual, el desarrollo tecnológico y la acumulación de riquezas [1]. La idea moderna de la civilización surgió, de hecho, en el seno de una corriente filosófica que está en las raíces de la cultura occidental tal y como la entendemos hoy: la Ilustración. Filósofos ilustrados como Hume, Kant y Montesquieu defendieron que, a medida que los seres humanos ahondasen sus conocimientos científicos, sofisticasen sus herramientas tecnológicas y acrecentasen sus comodidades materiales lograrían también ser más pacíficos, buenos y felices. La civilización era el término que describía esta trayectoria, en la que los progresos técnicos, morales y políticos irían de la mano, para dar lugar a una sociedad cada vez más perfecta y dichosa [2].

Más de doscientos años después de su enunciación, tal teoría ha caído parcialmente en el descrédito. Nuestra tecnología ha prosperado hasta niveles inimaginables y, en general, hemos acopiado más riquezas que nunca. Sin embargo, no somos ni más buenos ni más pacíficos. Hemos utilizado nuestras prodigiosas capacidades técnicas para perpetrar todo tipo de crímenes o para succionar los recursos de la Tierra hasta llevarla al borde de la destrucción. Aún más importante en lo que concierne a este libro: después de tanto progreso, no hay pruebas de que seamos mucho más felices. Nuestro acceso a todo tipo de bienes de consumo no compensa la desorientación que he descrito en los párrafos anteriores. Bombardeados de estímulos, de presiones sociolaborales y de discursos erráticos en torno al éxito y el placer, va-

---

[1] Luis Sáez Rueda, *El ocaso de occidente* (Barcelona: Herder Editorial, 2015).

[2] Brett Bowden, *The Empire of Civilization: The Evolution of an Imperial Idea* (Chicago: University of Chicago Press, 2009), *http://public.eblib.com/choice/publicfullrecord.aspx?p=448527*; Jonathan I. Israel, *La Ilustración radical: La filosofía y la construcción de la modernidad, 1650-1750* (México: Fondo de Cultura Económica, 2017).

gamos perdidos sin saber qué hacer con nuestra vida. Mientras tanto, tratamos de compensar la desorientación evadiéndonos durante horas en las redes sociales y en las aplicaciones virtuales. Ya no creemos en el mito del progreso. Las religiones, con sus proyectos de salvación, han perdido, en el último siglo, su poder de convocatoria de antaño. Ideales como el amor romántico o la familia van perdiendo adeptos. Las viejas utopías de la democracia liberal y el comunismo, conceptuadas como garantes de la dicha colectiva, caen en el descrédito[3].

Son muchas las instancias que nos intentan vender modelos alternativos de éxito y de felicidad. Algunos gurús nos dicen que nos refugiemos en el trabajo y en la búsqueda del poder; otros en el consumo y el acopio de bienes —moda, casas, autos, dispositivos electrónicos último modelo, etc.—; otros quieren introducirnos en nuevos cultos de contenido moralizante y salvífico que van del integrismo al veganismo. Ciertos discursos nos invitan a una solución netamente individualista: define tú tus propios modelos de felicidad de acuerdo con tus deseos egoístas sin atender a ninguna opinión ajena y sin hacerte dependiente de nadie. Todos nos encontramos ante este escaparate de sentidos inconexos. Pareciera que pudiéramos seleccionarlos y desecharlos como si la vida se tratase de un bazar caprichoso, de una pasarela en la que ahora me pruebo un modelo de felicidad y ahora lo cambio por otro. Es un ecosistema líquido, casi gaseoso, en el que todo lo que parece sólido, cierto y estable, se evapora sin remisión[4].

Esta cacofonía de felicidades posibles, lejos de orientarnos, nos atribula con mayor intensidad, impidiéndonos articular una reflexión profunda sobre el significado que queremos otorgarle a nuestra vida. Mientras tanto, seguimos sometidos al ritmo frenético que impone un mercado laboral que nos exige ser productivos y dinámicos. Lo hace bajo la coartada de que, a cambio de la productividad y el dinamismo, nos procurará una vida de riqueza y de dicha equivalente a la de los *influencers* que campan por Instagram[5]. Por añadido, recaemos una y

---

[3] Enzo Traverso, *Melancolía de la izquierda después de las utopías* (Barcelona: Galaxia Gutenberg, 2019); José María Lassalle, *El liberalismo herido: reivindicación de la libertad frente a la nostalgia del autoritarismo* (Barcelona: Arpa, 2021).
[4] Zygmunt Bauman, *Vida líquida* (Barcelona: Ediciones Paidós, 2021).
[5] Sobre la manipulación conductual en Internet vease: Shoshana Zuboff, *La era del capitalismo de la vigilancia: la lucha por un futuro humano frente a las nuevas fronteras del poder* (Barcelona: Paidós, 2020).

otra vez en nuestra dependencia creciente de los estímulos instantáneos que nos proporciona Internet o de los placeres efímeros que nos brinda el consumismo desaforado.

Es cómodo ser un sujeto complacido, que pasa su vida alimentándose de chutes momentáneos de satisfacción, como los gorditos sonrientes del magistral largometraje *Wall-E*[6] o los superhumanos narcotizados de la novela *A Brave New World*, de Aldous Huxley[7]. Y, sin embargo, con tanto placer y lujo a nuestra disposición, proliferan más que nunca las depresiones, incubadas en el nido sombrío del vacío existencial. Tenemos a nuestra disposición todos los bienes y distracciones que se puedan ansiar y, sin embargo, no somos felices. Pareciera que nuestro padecimiento tuviese que ver con la «nostalgia del absoluto» de la que habló George Steiner[8]. Según él, nuestra dicha no depende tanto de las comodidades momentáneas o los placeres gratuitos, sino de sentirnos parte de un proyecto o de una aventura que vaya más allá de nosotros mismos.

Ante todo esto, me pregunto, ¿no será posible una existencia llena de significado?, ¿no será el momento de ir más allá?, ¿de ser bueno, digno y virtuoso, creativo y útil, bello y poderoso?. ¿Podemos hoy en día labrar una vida de felicidad y de éxito desde nuestra libertad?. En este libro conceptualizaremos la *felicidad* como un estado de plenitud psicológica en el que nos sentimos en armonía con nosotros mismos y con nuestro contexto. Entenderemos el *éxito* como un estado de cosas en el que aquellos que nos rodean y nosotros mismos nos reconocemos como sujetos dignos y felices. Hablaremos de la *libertad* como la capacidad de un individuo para emplear su propio juicio racional a fin de definir sus deseos y proyectos[9].

Ya os escucho protestar, ¿qué tiene que ver todo esto con un libro de filosofía?, ¿qué relación guardan estos problemas con Aristóteles, Maquiavelo y el estoicismo? Daré una respuesta rotunda: ¡la relación es íntima, evidente, absoluta!. Estamos tristemente acostumbrados a percibir la filosofía como algo ajeno a la vida cotidiana; como una co-

---

[6] *Wall-E* (Pixar Animation Studios; Walt Disney Pictures, 2008).

[7] Aldous Huxley, *Brave New World* (New York: Harper and Rose, 1932), *http://archive.org/details/1932BraveNewWorld*.

[8] George Steiner, *Nostalgia del absoluto* (Madrid: Siruela, 2011).

[9] Para un estudio histórico de estos conceptos: Darrin M. McMahon, *The Pursuit of Happiness: A History from the Greeks to the Present* (London: Penguin Books, 2007).

lección de autores inteligentísimos que dijeron cosas de tanta profundidad que son casi ininteligibles para el que sea nuevo en la materia.

Si acudís a un congreso académico de filosofía, esta impresión se verá reforzada. Os toparéis con una tropa de expertos que discurrirán sobre detalles puntillosos del pensamiento de gentes tan poco familiares como Heidegger, Kierkegaard, Spinoza o Bostrom. Hablarán en un lenguaje muy extraño, empleando un arsenal de tecnicismos que pocos comprenderán. Pero cuidado con equivocarse, lo que veréis en esos foros es tan solo la dimensión académica de la filosofía. Esta es muy necesaria y valiosa, ya que ayuda a profundizar en cuestiones sutiles e importantes en torno al funcionamiento del cosmos, de la ética y de la vida en comunidad.

Sin embargo, aquí nos interesa el aspecto habitualmente más olvidado de la filosofía: su dimensión más práctica, cercana y cotidiana. La filosofía comprende, tal y como aquí la abordaré, todo sistema de ideas que aspire a explicar el sentido de nuestra existencia. No remite necesariamente a los grandes autores. Estos tan solo fueron hombres y mujeres muy inteligentes —casi siempre— que propusieron estrategias para comprender al ser humano y su realidad circundante. Por consiguiente, debemos colegir que gentes como Platón, Kant y Arendt no eran semidioses, autoridades sagradas cuyas teorías son el equivalente a un mandato bíblico. Sus doctrinas no son indiscutibles. Son simple y llanamente propuestas muy valiosas y razonadas que tenían por objeto comprender la condición humana.

La filosofía, tal y como la trataré y la utilizaré en este libro, remite más bien a esos entramados de ideas que rigen nuestras elecciones vitales. Esa filosofía está presente de modo permanente en nuestro día a día. Cada decisión que tomamos departe de unas creencias filosóficas implícitas. Cuando elegimos ir a la universidad en lugar de ser conserjes o cantantes; cuando optamos por dejar a nuestra pareja en nombre de nuestra «libertad»; cuando, en lugar de pasar el fin de semana en casa tranquilos leyendo un libro o haciendo el amor, decidimos salir a una discoteca que está de moda; en cada una de estas situaciones estamos actuando de acuerdo a una serie de premisas respecto a lo que son el placer, el bien y la felicidad. Dichas premisas no son naturales o espontáneas, sino que derivan de las filosofías de vida que profesamos. El problema es que no somos conscientes de muchas de estas, que nos son transmitidas como algo indiscutible por parte de medios de comunicación y sistemas de poder. Estos, en ocasiones, no están tan interesados en nuestra felicidad o en nuestro bienestar como en nuestro sometimiento o en nuestro conformismo.

Este libro no pretende ofrecer una filosofía verdadera que destierre a las creencias interesadas que hoy se enseñorean de nuestras elecciones. No hay tal cosa como un sistema filosófico verdadero e infalible en su totalidad. Lo único que deseo hacer es compartir con vosotros el pensamiento de una serie de autores y corrientes que reflexionaron detenidamente sobre las claves del éxito y de la felicidad. Cada uno de estos llegó a conclusiones distintas. Sin embargo, todos compartieron la vocación de entregarles a sus lectores y discípulos herramientas para que comprendiesen su propia naturaleza y la del mundo, y de ese modo las utilizasen en aras del bien común y personal.

He seleccionado tres corrientes de pensamiento que son, según mi parecer, especialmente valiosas para orientarnos en el complejo laberinto de la vida contemporánea, ya que defienden ideas que son muy distintas a la ética hedonista, individualista y materialista que hoy tiende a regir nuestras cosmovisiones. Considero que el aristotelismo, el estoicismo y el maquiavelismo nos pueden aprovisionar de pensamientos muy útiles para repensar los múltiples sentidos del éxito social y de la felicidad.

No deseo que tras leer este modesto trabajo os convirtáis en aristotélicos, estoicos o maquiavélicos ortodoxos, sino que utilicéis sus doctrinas con libertad, empleándolas como herramientas que os ayuden a confrontar los retos de este universo social tan complejo e incierto al que nos enfrentamos en el siglo XXI. Debéis sentiros igualmente libres para leer este libro como lo dicten vuestras apetencias: vosotros decidís qué capítulo os queréis ojear, en qué orden deseáis hacerlo y si lo consultáis en silencio y soledad o en voz alta y con compañía. También debéis decidir cuál de las corrientes que explora la obra os convence más. Si os interesa ser buenos y excelentes, empezad por Aristóteles; si aspiráis a huir del estrés y del miedo, os recomiendo el estoicismo; si lo que buscáis es ser poderosos y capaces de imponeros a los obstáculos de la vida, dadle una oportunidad a Maquiavelo. Leed el texto con calma, sin presiones, discutiendo sin descanso las ideas que plantea. Solo así podréis saber qué herramientas filosóficas escoger para labrar vuestro propio camino.

Si el libro que aquí comienza tiene un objetivo, es que su lector deje de sentirse como esa hoja que mencionábamos al principio de esta introducción. Una hoja triste e inerme, arrastrada por vientos cuyo rumbo desconoce. Si hiciéramos un símil entre las corrientes de aire que capturan a nuestra hoja y las diversas filosofías ocultas que direccionan nuestra vida, ya os adelanto que mi intención no es deciros por cuál de estas debéis dejaros arrastrar. Al contrario, mi fin es que, gracias a vuestro poder para reconocer el sentido, no siempre manifiesto, de esas filosofías, dejéis de ser hojas, para convertiros en pájaros: en seres alados capaces de decidir por sí mismos cuáles son las corrientes que desean atravesar y los destinos que quieren alcanzar. Es decir, me gustaría que el texto os ayude a consolidaros como individuos críticos, susceptibles de reconocer las ideas inscritas en los modelos de vida que pretenden imponeros y de establecer, de acuerdo a vuestra propia razón, qué elementos abrazáis y rechazáis de los mismos.

El aristotelismo, el estoicismo y el maquiavelismo son autopistas filosóficas alternativas a las que estáis acostumbrados a recorrer, caminos paralelos que os ayudarán a tomar distancia de vuestras preconcepciones y a ser más capaces de elegir. Como pájaros, podréis volar de una corriente a otra según lo dicten vuestro juicio y vuestras circunstancias. Podréis ser creativos y diseñar vuestras rutas personales. Podréis ser libres y, además, conmoveros con la belleza que se les presenta a aquellos que son capaces de atisbar los múltiples sentidos posibles del amor, de la amistad, de la sabiduría, del deseo, de la virtud, del poder y de la felicidad.

Yo mismo he sido muy libre a la hora de escribir los capítulos. No he tratado de realizar una explicación pormenorizada del pensamiento de Aristóteles, de Epicteto o de Maquiavelo. Eso lo dejo para otros especialistas más versados que yo. Solo discurro sobre aquellas ideas de estos autores que me parecen más interesantes y prácticas, tratando de ilustrarlas con ejemplos de la vida cotidiana. También dialogo con otros discursos que, de hecho, contienen dentro de sí teorías y premisas filosóficas: el cine, las series, los *reality shows*, la pintura, la literatura y la historia. Acostumbrado a escribir artículos científicos llenos de citas y que nadie lee [10], cuando he elaborado este *Manual Fi-*

---

[10] Ahí tenéis un par de ejemplos, para que os hagáis una idea: Rodrigo ESCRIBANO ROCA y Rebeca VIÑUELA PÉREZ, «Esquelas transatlánticas. El mito de Bolívar en las culturas políticas de la Monarquía española (1824-1850)», *Aportes. Revista de Historia Contemporánea* 39, núm. 114 (30 de abril de 2024), *https://www.revistaaportes.com/index.php/aportes/article/view/826*; Rodrigo ESCRIBANO ROCA y Pablo Andrés GUERRERO OÑATE, «Navalism and Imperial Culture in Spain: The origins and celebration of the

losófico de Supervivencia he podido ser imaginativo y pasármelo bien. He logrado jugar con las ideas. Del mismo modo, mi aspiración es que os toméis la lectura como un» juego, como un ejercicio lúdico de gozo y de autosuperación. Es la mejor estrategia para pensar[11]. Si os gusta y queréis profundizar en algún autor, solo debéis consultar la bibliografía que os voy recomendando. Por ahora, podéis centraros en los capítulos que siguen, que contienen dentro de sí algunos secretos para volveros más virtuosos, felices y poderosos.

Chincha Islands War (1834–1868)», *The Mariner's Mirror* 109, núm. 3 (3 de julio de 2023): 297-314.

[11] Gonzalo Andrés García Fernández y Rodrigo Escribano Roca, «Gamificación, pandemia y aprendizaje de la historia de las ideas. Experimentos en el contexto Core Currículum», *RIED-Revista Iberoamericana de Educación a Distancia* 26, núm. 2 (10 de abril de 2023): 69-87.

CAPÍTULO I

¿CÓMO SER VIRTUOSO? EL ARISTOTELISMO

I.   DIME DE QUÉ PRESUMES...

Hay un refrán en español que dice así: «Dime de qué presumes y te diré de lo que careces». En estos tiempos de estrés, de hiperactividad y de sobreexposición de nuestra intimidad nos gusta presumir de muchas cosas. La mayoría de ellas tiene que ver con los valores que, ya sea de forma explícita o secreta, caracterizan a nuestras sociedades de consumo. Las imágenes que subimos a las redes para definir nuestra identidad ante los otros son una prueba fehaciente de dichos valores.

Presumimos de tener cuerpos sensuales y esculturales forjados tras horas interminables de gimnasio o tras la fastidiosa puesta en práctica de hábitos sanos y dietas de vanguardia, que incluyen ayunos intermitentes, menús paleolíticos y un largo etcétera. Nos celebramos a nosotros mismos por nuestra capacidad inagotable de trabajo, por tener cientos de amigos y contactos y por la interminable retahíla de actividades que realizamos en nuestro tiempo libre: restaurantes *fancy*, senderismo, parapente, *shopping*, lecciones de cocina, hoteles con encanto, micro-viajes a París con las amigas, sesiones de yoga, maratones de fotos y activismos varios. Toda experiencia nueva y distinta es indicadora de éxito, mientras no consista en quedarse en casa descansando o leyendo un libro. En nosotros permea la sensación de que, si no aprovechamos nuestros fines de semana, copándolos de planes vertiginosos, no estamos siendo personas productivas. Pretendiendo ser únicos y especiales, la mayoría terminamos intentando demostrar desesperadamente que nos ajustamos a estos arquetipos de éxito y de autenticidad. Autores como Byung-Chul Han[1], Gilles Lipovetsky[2] y Razmig Keucheyan[3] han discurrido pormenorizadamente sobre estas dinámicas.

Lo significativo es que, en virtud de dichos arquetipos, lo que cuenta no es la calidad de las experiencias acumuladas, sino la cantidad y diversidad de las mismas. De ello se colige una verdad más profunda, a veces no declarada: lo importante de acuerdo con este universo de valores no es *vivir* en plenitud nuestras experiencias, sino *consumir* el mayor número posible de las mismas. El síndrome FOMO —*fear of missing out*—, que aqueja a un número creciente de usuarios en nuestro tiempo, es una manifestación de esta patología filosófica. La gente que sufre FOMO experimenta ansiedad ante la posibilidad de no participar en los eventos o actividades sociales que se anuncian y ofertan constantemente en los foros de Internet. Esto les provoca la necesidad de estar conectados a las redes sociales de forma constante y compulsiva[4].

Sociólogos como Zygmunt Bauman[5] o Marlon Xavier[6] han abordado este tipo de padecimientos, concluyendo que definimos nuestros sueños vitales y nuestras identidades aspiracionales a partir del sustrato ideológico del consumismo. ¿Qué es el consumismo? Pues, en términos muy básicos, un sistema de creencias en virtud del cual el fin último del ser humano —así como su estatus social— se asocia a los bienes, servicios y placeres a los que puede acceder este por medio de su poder de compra. Bauman ha ido incluso más lejos, y ha aseverado que la cultura posmoderna convierte al propio individuo en objeto de consumo: nos presentamos en nuestras redes sociales utilizando técnicas de marketing, definiendo nuestra personalidad en virtud de ademanes, formas de vestir o escenarios que nos hacen atractivos de acuerdo con los patrones del mercado, como si tuviésemos que vendernos a nosotros mismos.

---

[1] Byung-Chul HAN, *La sociedad del cansancio* (Barcelona: Herder, 2012).
[2] Gilles LIPOVETSKY, *La consagración de la autenticidad* (Anagrama, 2024).
[3] Razmig KEUCHEYAN, *Las necesidades artificiales: Cómo salir del consumismo* (Madrid: Ediciones AKAL, 2021).
[4] Juanjo RAMOS, *El síndrome FOMO: Cómo detectarlo y superarlo* (XinXii, 2021).
[5] Zygmunt BAUMAN, *Vida de consumo* (Fondo de Cultura Economica, 2012).
[6] Marlon XAVIER, *Subjectivity, the Unconscious and Consumerism: Consuming Dreams* (Springer, 2018).

En este contexto nos jactamos, claro está, de aquello que somos capaces de poseer y de gozar. Nuestras redes proclaman a los cuatro vientos que hemos adquirido un *IPhone* último modelo, que hemos concurrido a un concierto multitudinario, que tenemos una nueva figurita coleccionable de un superhéroe de Marvel, que hemos ingerido una costosa deconstrucción de espuma de mar con boletus o que hemos descubierto un maquillaje, juguete sexual o complemento que nos hace enormemente dichosos. Todas estas cosas de las cuales presumimos son el síntoma de una sociedad individualista, materialista, hedonista y productivista.

Tacho a nuestra sociedad de *individualista* porque entiende que el éxito y la felicidad son empresas personales de autobúsqueda y de realización de nuestra voluntad egoísta. Digo que es materialista porque asocia la plenitud de la persona a la salud y atractivo de su cuerpo, es decir, de su ser material, así como a los bienes de que este dispone para su disfrute. Nuestro estilo de vida es, a mi juicio, *hedonista* porque supone que la existencia consiste en evitar a toda costa el sufrimiento, el dolor y la carencia, aferrándose a los placeres inmediatos y a las emociones positivas. Estar triste o serio, como lo sugiere la filósofa Joke Hermsen, se ha convertido en síntoma de fracaso, cuando en tiempos pasados podía ser tenido por un indicio de reflexividad y creatividad[7]. Por último, alego que somos *productivistas* porque privilegiamos la vida activa: valoramos a los sujetos por la cantidad de cosas que hacen y no por otros ítems, como la profundidad de sus reflexiones o sentimientos.

El ecosistema individualista, materialista, hedonista y productivista que acabo de describir no es necesariamente malo. Sin embargo, cuando perseguimos el éxito en nuestra vida personal y profesional a partir de estas coordenadas corremos el riesgo de vernos derrotados por sus derivaciones negativas, como lo son nuestro alejamiento de los otros, nuestra dependencia de los bienes externos, nuestra incapacidad para aceptar y procesar el dolor o nuestra obsesión por llenar nuestra cotidianeidad de experiencias vacías. El resultado de estas patologías a veces salta a la vista. Durante los últimos años, la Organización Mundial de la Salud no ha cejado de alertar sobre los vínculos

---

[7] Joke J Hermsen, *La melancolía en tiempos de incertidumbre* (Madrid: Siruela, 2019).

que unen a la ética de la productividad con la oleada de depresiones y suicidios que afecta a los trabajadores de los países aparentemente más desarrollados del mundo. El síndrome del *burnout* —el agotamiento por las exigencias de una vida hiperactiva— se ha convertido en un tema de rabiosa actualidad[8].

Las presiones que comporta proyectar una imagen homologable a los estándares del éxito, tanto en el espacio laboral como en el personal, terminan generando dinámicas de agotamiento. Es muy complicado cumplir con las expectativas. Es sumamente cansado y destructivo pretender ser una ejecutiva eficiente que se vale por sí misma, que tiene un cuerpo perfecto, que viste con elegancia, que posee los últimos hitos en moda y tecnología, que tiene centenares de amigos y que vive cada fin de semana experiencias distintas. Si a esto le añadimos ser una buena madre, una excelente amante y una hija dedicada, tenemos un cóctel explosivo. Esta vida puede parecer genial cuando la plasmamos en nuestra cuenta de *LinkedIn, Instagram* o *Tik Tok,* pero muchas veces termina por sumirnos en la depresión y el extrañamiento. Os aseguro que alguien deprimido, agotado y desorientado difícilmente alcanzará sus objetivos en su empresa o en su hogar. Estos modelos de éxito nos alejan del éxito real y de la dicha. Es la ironía que nos toca enfrentar.

¿Pero y si os dijera que en algunos pensadores de la Grecia clásica podemos encontrar un sistema alternativo de valores que nos permite imaginar el éxito desde otras coordenadas? Resulta que hay otras maneras de imaginar la vida y que las que ciertos filósofos del mundo antiguo propusieron eran en todo ajenas al ecosistema individualista, materialista, hedonista y productivista que, en muchas ocasiones, nos agota y destruye. ¿Es posible que sus postulados nos sirvan para definir un camino alternativo hacia la plenitud personal y social? Concretamente, la filosofía de Aristóteles es en buena medida contraria a todas las convicciones que hoy son hegemónicas. Si uno atiende a las doctrinas de este pensador, jamás presumiría mucho de ser rico, o de dedicar su tiempo a la acumulación de experiencias dispersas, o de estar obsesionado con su salud, su apariencia o sus proyectos egoístas.

Para Aristóteles, el supremo indicador de la bienaventuranza y del bienestar de un individuo es su virtud. Según su juicio, la clave

---

[8] Organización Mundial de la Salud (OMS), «Informe mundial sobre salud mental: Transformar la salud mental para todos», 2022.

para llevar una vida feliz es ser virtuoso. En el resto de las secciones de este capítulo voy a tratar de explicaros en qué consiste el ideal aristotélico de la virtud, esa palabra casi desaparecida de nuestro lenguaje. Algunos filósofos contemporáneos, como Adrien Pabst y John Milbank, han defendido que la recuperación de la ética clásica de las virtudes puede ser una solución para confrontar la crisis moral que vive el mundo occidental[9]. Yo no abordaré el tema con la profundidad teórica que ellos despliegan en su libro, pero sí trataré de sugerir posibles usos del aristotelismo para nuestra vida diaria.

Aristóteles fue un filósofo griego nacido en la pequeña localidad de Estagira y desarrolló el grueso de su obra en la Atenas del siglo IV A.C. Sus esfuerzos intelectuales tuvieron por objetivo regenerar a una sociedad ateniense que se hallaba en franca decadencia. A su juicio, el declive de la ciudad Estado, que había llegado a imponer su hegemonía marítima, económica y cultural en la Hélade durante el siglo anterior, se debía a las derivaciones indeseadas de un sistema democrático que había consagrado el egoísmo, la entrega a los deseos banales, la demagogia y la corrupción[10]. El anhelo de Aristóteles era restablecer la salud moral de la ciudad y de sus miembros. A tal efecto deseaba proponer un modelo ético que maximizase las virtudes de sus ciudadanos, permitiendo alcanzar así la bienaventuranza individual y colectiva. Es decir, el sabio de Estagira elaboró sus nociones de la vida buena en un contexto de crisis comparable al que atraviesan nuestras sociedades de mercado. Veamos si las soluciones que nos propuso son de utilidad para confrontar los retos que enfrentamos hoy. ¿Podemos y queremos ser virtuosos?

II.   ¿CÓMO NO SER UN ZOMBI? LA TENSA ARMONÍA ENTRE RAZÓN Y DESEO

¿Nunca os habéis sentido atrapados en una guerra interna contra vosotros mismos? Seré más concreto. Seguro que más de uno de entre vosotros ha estado alguna vez ante una sabrosa tableta de cho-

---

[9] Adrian PABST y John MILBANK, *The Politics of Virtue: Post-Liberalism and the Human Future* (Rowman & Littlefield International, 2016).

[10] Sobre la Grecia clásica: Francisco Javier GÓMEZ ESPELOSÍN, *Historia de Grecia Antigua* (Madrid: Akal Ediciones, 2001).

colate cuyo sabor deseaba paladear desesperadamente. Vuestro apetito os habrá impelido a tomar la tableta y devorarla entera a grandes
bocados. Al menos yo experimento este salvaje deseo en cada una de
mis expediciones a la nevera. Sin embargo, justo cuando me dispongo
a poner mis manos sobre el chocolate, algo en mi conciencia me recuerda que padezco un ligero sobrepeso. Comerme toda la tableta, si
bien es susceptible de proporcionarme un placer superlativo, también
puede suponerme varios sufrimientos posteriores: una digestión insoportable o unos kilos de más que casi seguro reducirán mi autoestima.
No quiero tener que gritarle a la báscula. Además, si bien una parte de
mí desea todo el chocolate para sí, como el resultado de un egoísmo
totalmente natural, otra parte de mí me dice que disfrutaré más llevándole la mitad a mi pareja y recreándome en su placer y en mi acto de
generosidad. Ante tal cúmulo de pasiones y razones contradictorias,
¿cuál debe ser mi decisión?

   Para Aristóteles la *virtud* es el hábito que nos permite tomar las
decisiones más cercanas al bien, a la belleza, a la justicia y a la verdad
sobre la base de esos impulsos contradictorios que presiden nuestra
vida. Lo más interesante es que, según el filósofo griego, la decisión
virtuosa nunca se corresponde con la negación taxativa del placer, sino
con su gestión racional. No se trata de no comerme el chocolate, sino
de comerme el suficiente para colmar mi deseo, minimizando a la vez
el sufrimiento que podría derivar de su ingesta. Es más, puedo utilizar
el chocolate para acceder a un placer superior al de su sabor: al compartirlo con mi pareja puedo colmar un deseo más noble que el apetito, que es el deseo político de ser reconocido y amado por los otros,
el deseo de la *amistad*.

   Como veis, la teoría aristotélica es contraria a las intuiciones economicistas con las que tendemos a medir el placer hoy en día. Según
algunos expertos en psicoeconomía, como Jürgen Schuldt, estamos
acostumbrados a pensar que todos actuamos como *homo economicus*, es decir, como agentes que buscan maximizar su utilidad sobre
la base de su disfrute material y de sus preferencias egoístas [11]. Esta
convicción no es espontánea y se debe más bien a las ideas que han
cristalizado en la escuela neoclásica de economía y en los imaginarios

---

[11] Jürgen SCHULDT, *Civilización del desperdicio: psicoeconomía del consumidor* (Universidad del Pacífico, 2013).

de la sociedad de mercado. La economía del comportamiento ha demostrado que, en realidad, nuestras decisiones sobre lo que compramos, consumimos y compartimos no derivan en exclusiva del cálculo racional de nuestro placer personal. En ellas hay muchos más factores en juego, y muchos no son de índole material ni están relacionados con el egoísmo. Nuestros deseos se rigen por pulsiones tan diversas como nuestra necesidad de ser amados por otros, nuestra búsqueda de estatus en el seno de determinada comunidad, nuestra ideología, nuestras características genéticas o nuestro anhelo de seguridad [12]. Como veis, al igual que el aristotelismo, muchos científicos contemporáneos asumen que determinamos lo que deseamos y lo que hacemos en medio de una guerra librada entre los impulsos contrapuestos que colisionan en nuestro cerebro.

En términos teóricos, Aristóteles asume que somos una contradicción andante. Según su juicio, nuestra alma —esto es, el conjunto de principios psicológicos y fisiológicos que determinan el comportamiento humano— está compuesta de dos partes igual de relevantes. La primera parte es la *irracional*, también llamada por el filósofo *impulsiva* y *apetitiva*. Es la sección de nuestra psique que determina los deseos de todo tipo. No podríamos prescindir de ella para nuestra supervivencia, pues es la que nos empuja a beber, a dormir, a temer, a ambicionar, a enfadarnos o a amar. Por otro lado, estaría la sección *racional* del alma, que es la que nos permite construir entramados lógicos, los cuales nos facultan para acceder a la verdad de las cosas, ya sea por medio de la experiencia o de la teoría.

El miedo a que nuestra parte impulsiva o apetitiva domine nuestra racionalidad no solo constituye uno de los núcleos del pensamiento aristotélico, sino que refleja una obsesión cultural recurrente. La mitología grecolatina trató en numerosas ocasiones la temática de cómo los seres humanos podemos perder la razón si nos dejamos guiar por nuestros deseos bestiales. Un ejemplo muy elocuente aparece en uno de los pasajes de la *Metamorfosis* del poeta romano Ovidio [13]. En esta podemos apreciar una de las primeras narraciones escritas sobre

---

[12] Vladas GRISKEVICIUS, Joshua M. ACKERMAN, y Joseph P. REDDEN, «Why we buy: Evolution, marketing, and consumer behaviour», en *Applied Evolutionary Psychology* (Oxford: Oxford University Press, 2012); Geoffrey MILLER, *Spent: Sex, Evolution, and Consumer Behavior* (Penguin Publishing Group, 2010).

[13] OVIDIO, *Metamorfosis* (Madrid: Alianza, 2005).

una figura que representa el triunfo de la parte impulsiva del alma por sobre su parte racional: el hombre lobo.

Ovidio nos cuenta la historia de Licaón, rey de Arcadia. Era este un soberano griego que vivió en una oscura edad de la que apenas quedan vestigios. Licaón era célebre, más no por sus virtudes o por sus buenas obras. Su fama se debía a su macabra estrategia para complacer a los dioses olímpicos. Cuando los forasteros llegaban a su reino buscando refugio, los sacrificaba y los devoraba para demostrar su fe. Su apetito de gloria y su gula —ambos expresiones exacerbadas de la parte impulsiva de su alma— le impelían a cometer esta atrocidad.

Un día Júpiter llegó a la morada de Licaón pidiendo hospitalidad. Nunca le ocultó que era un dios. Con todo, el soberbio rey de Arcadia, ya enloquecido por sus propias crueldades recurrentes, no se detuvo ante nada. Fingió acoger a Zeus amablemente en su palacio. Su plan era aguardar a que se durmiese para darle muerte y así mostrarse ante el mundo como un ser superior a los dioses. Pero antes, invitó al señor del Olimpo a cenar. La mesa estaba repleta de viandas, pero el plato principal sobresalía entre todas ellas: Licaón le había servido a Júpiter carne humana, de nuevo movido por su truculento orgullo y su gula homicida. Ante tan horrendo espectáculo, el dios encolerizó, destruyendo con su poderoso rayo todo a su paso. Licaón, aterrado, huyó hacia el bosque. Pero eso no fue todo. Su cuerpo ya no era el mismo. Sus dientes se habían tornado en colmillos, sus manos en patas, sus gritos de pavor, en aullidos desgarradores. El palacio y el reino de Licaón fueron fulminados, pero el hombre-lobo quedó suelto, vagando entre las sombras, portando consigo los enigmas que encierran el salvajismo y la crueldad del hombre.

Esta leyenda, como sabéis, se ha reproducido de constante hasta nuestros días en la forma de cuentos, novelas y películas. Ya sea el aterrador Licaón de Ovidio, ya sean los licántropos de Harry Potter o de los filmes de John Landis, los hombres lobo son una metáfora de la contradicción que somos, de la lucha incesante por controlar nuestra irracionalidad deseosa y a veces violenta[14]. Muchos otros monstruos hacen referencia al poder que tienen los apetitos irracionales que condicionan nuestro comportamiento. Recordemos, por ejemplo, el se-

---

[14] Jorge FONDEBRIDER, *Historia de los hombres lobos* (Santiago de Chile: LOM Ediciones, 2016).

diento sensualismo de los vampiros o el hambre descerebrado de los zombis. En su libro *Monsters of the Market*, David McNally nos sugiere que en la cultura pop contemporánea estas criaturas se han convertido en un símbolo de nuestro consumismo desaforado[15]. Es decir, los monstruos serían una metáfora de cómo la sociedad de mercado propende a imponer nuestros deseos irracionales frente a la racionalidad, desatando el agotamiento de los recursos planetarios, la destrucción ambiental y el hedonismo. Es posible que Aristóteles hubiera visto en un zombi devora-cerebros de los que aparecen en *The Walking Dead*[16] el ejemplo más acabado de un ser que está plenamente dominado por la parte apetitiva de su alma.

A Aristóteles esto le parecería horrendo. Todo su empeño consistió en entregarnos claves para que nuestros impulsos, nuestros deseos y nuestras emociones se elevasen gracias al diálogo con nuestra razón. Según aduce en el libro que le dedicó a su hijo, Ética para Nicómaco[17], todas nuestras elecciones diarias suponen una mediación entre la parte racional e irracional del alma. La clave para el filósofo es que dichas elecciones nos conduzcan a cumplir el fin último del ser humano, que no sería otro que ser bienaventurado o feliz. Ya habréis deducido que ser bienaventurado o feliz no consiste en la mera entrega a los placeres inmediatos que desea nuestra alma irracional. Tampoco en que nos neguemos taxativamente a disfrutar dichos placeres como si fuésemos monjes tibetanos. Al contrario, la felicidad consiste en procurarse un acceso racional a los bienes materiales, sociales y espirituales que ansiamos. Para ello contamos con dos tipos de virtudes: las éticas y las dianoéticas. Las primeras, las éticas, hacen referencia a los hábitos consistentes en la racionalización de nuestras pasiones. Las dianoéticas son las virtudes relacionadas con el cultivo del saber y del intelecto. Volveremos a estas últimas en el apartado final del capítulo. Ahora nos centraremos en los usos y potencialidades de las virtudes éticas, con el fin de repensar nuestras estrategias para alcanzar el éxito y la felicidad.

---

[15] David McNally, *Monsters of the Market: Zombies, Vampires and Global Capitalism* (Leiden: Brill, 2011).

[16] *The Walking Dead* (AMC Networks, 2019 de 2010).

[17] Aristóteles, *Ética Nicomaquea* (Santiago de Chile: Biblioteca Nueva, 2017).

III. ¡CONTRÓLATE! EL PUNTO MEDIO Y LAS VIRTUDES ÉTICAS

Aristóteles sostiene que las virtudes éticas no son facultades innatas que tengamos al nacer. Uno no es necesariamente generoso, valiente o templado por nacimiento. El filósofo considera que todos podemos llegar a desarrollar algunas de esas virtudes, ya que, más allá de nuestras cualidades genéticas [18], son hábitos, costumbres repetitivas a través de las cuales nos vamos dando una segunda naturaleza. Concretamente, para Aristóteles las *virtudes éticas* son el hábito voluntario del punto medio.

¿Qué quiere decir con esto? Al contrario que otros sistemas morales, el filósofo no organiza su propuesta de ética de acuerdo con la dualidad polarizada entre el bien y del mal. No hay deseos intrínsecamente malos o pulsiones intrínsecamente buenas. La ambición, la ira, la gula o la avaricia no son negativas por definición. Por el contrario, el modelo valórico de Aristóteles es triangular, y está compuesto por dos extremos rechazables —los vicios del exceso y del defecto— y un punto medio virtuoso. Es decir, hay determinados impulsos apetitivos y emocionales de nuestra alma irracional que tienden a extremos negativos. Todas nuestras elecciones éticas se realizan en referencia a dilemas en los cuales podemos pecar de excesos y de defectos, como la disyuntiva entre dar y recibir, entre amar y odiar o entre consumir algo y abstenerse de hacerlo.

Centrémonos, por ejemplo, en el dilema de dar o recibir. Algunas personas son avaras por naturaleza; se sienten más cómodas atesorando para sí las cosas y bienes que han obtenido, mostrándose muy reacias a entregarlos o compartirlos. Esto es, incurren en el vicio del defecto en lo concerniente a dar. En la vida de una empresa esto puede ser aplicable a un directivo o responsable intermedio que deba gestionar un presupuesto y decidir cómo asignarlo entre los empleados y proyectos que tiene a su cargo. La administración avara de los fondos constituiría un vicio en su liderazgo, pues tendería a ser muy

---

[18] Es cierto que Aristóteles asevera que estas cualidades genéticas sí que pueden predisponer a ciertos individuos a desarrollar ciertas virtudes, y hacer menos proclives a otros a desarrollarlas. Hay quien nace más inclinado a la valentía y quien nace más inclinado a generosidad, por ejemplo.

restrictivo con las asignaciones, bloqueando muchas iniciativas potencialmente beneficiosas y generando recelo entre sus equipos.

Ahora bien, otras personas son dadivosas por naturaleza. Pecarían, en este caso, del vicio del exceso en lo concerniente a dar. Estas ceden a su deseo de agradar al prójimo y obtener reconocimiento, y tienden a gastar más de lo que tienen. Un directivo desmedidamente desprendido con los bienes que administra también tendrá un problema ético. Y digo un problema ético porque reitero que para Aristóteles la ética consiste en la búsqueda del punto medio a partir de nuestros impulsos. Obrar de acuerdo con esta medianía es obrar bien y en contra de esta es obrar mal. El jefe que incurra en el defecto ético de la dadivosidad tendrá, al mismo tiempo, un problema de liderazgo. Ello porque su incapacidad de controlar su alma irracional —su *incontinencia*, que diría Aristóteles— le llevará a incurrir en derroches presupuestarios imprudentes, que de nuevo perjudicarán a sus equipos.

¿Cuál es entonces la manera correcta de proceder en los dilemas que conciernen a dar y recibir? Aristóteles lo tiene muy claro: el punto medio. Su teoría es que nuestra alma racional es capaz de conducir nuestros impulsos primarios hacia la senda de la medianía, convirtiendo nuestras emociones y apetitos en una energía que nos lleva al éxito en nuestros quehaceres sociales. Por consiguiente, nuestros impulsos de recibir, conservar y dar, una vez pasados por el tamiz de la razón, debieran convertirse en un hábito selectivo y prudente. A este hábito selectivo y prudente en los dilemas que conciernen a dar y recibir lo llama *generosidad* o *liberalidad*. La persona generosa logra determinar cuándo es beneficioso dar y cuándo es beneficioso guardar de acuerdo con la lógica y a la maximización de la utilidad propia y colectiva. Los extremos de la avaricia y la dadivosidad se tornan en el punto medio de la generosidad cuando la razón canaliza nuestros impulsos y los torna en hábito virtuoso.

Aristóteles pone muchos otros ejemplos de virtudes éticas, pero todas ellas consisten en la búsqueda del punto medio ante nuestras emociones y deseos. Ello quiere decir que no debemos nunca rechazar o tratar de anular nuestros sentimientos, aunque nos parezcan execrables. Al contrario, estos son la materia prima de nuestras virtudes y si los modelamos a partir de nuestra racionalidad conseguiremos convertirlos en instrumentos del éxito y de la felicidad. Pongamos otro ejemplo: la ira. Algunos tenemos una disposición particularmente pacífica y nos cuesta presentar batalla cuando consideramos que alguna acción ajena que nos afecta es injusta. Para Aristóteles esto constituiría, sin ninguna duda, un vicio: la *cobardía*. Si nuestro superior nos está sometiendo a una carga excesiva de trabajo o si nuestro equipo no está desempeñando sus tareas de forma correcta, renunciar a declarar nuestro descontento supondría un mal enorme para la empresa y para nosotros mismos en el corto o mediano plazo. La *cobardía*, como vicio del defecto, sería perjudicial para todos.

Del mismo modo, las personas iracundas tienden a entrar en conflictos cuando la situación solo requiere de calma o de diálogo, generando ambientes de toxicidad que también son destructivos para ellos y para su entorno. Incurren en el vicio de la iracundia. ¿Cuál es la solución virtuosa? Aristóteles lo expresa con claridad: la recta razón debe conducirnos al punto medio de la *valentía*, que es el uso de la ira para defender las causas que son justas de acuerdo con nuestro juicio lógico.

¿En qué se traduciría esto en términos prácticos? Volvamos al caso del jefe que está abusando de nuestra capacidad de trabajo. El vicio de *la cobardía*, como ya he indicado, nos llevaría a no decir nada por temor, a pesar de que estamos descontentos. Las injusticias se perpetuarían y terminarían por dañarnos a nosotros y a toda la dinámica de equipo. El vicio de la *iracundia*, por el contrario, nos llevaría a estallar con excesiva premura y vehemencia. Acudiríamos a la oficina del jefe enrojecidos y coléricos, gritándole con torpeza todo lo que nos parece mal sin reflexionar cuáles de las cosas que nos molestan son de hecho abusos contraproducentes. Es posible que llegásemos al insulto personal e incluso a la violencia física. Imaginaros a alguien planteando demandas laborales o proponiendo mejoras en la organización del trabajo mientras vocifera coléricamente, zarandea a su superior por la corbata o destroza el mobiliario y las macetas del lugar. Habría desperdiciado su impulso irascible, pues nada conseguiría.

Ahora bien, la opción virtuosa de la valentía daría lugar a un escenario muy distinto. Primero sentiríamos el enfado que de modo natural derivaría de las injusticias que sufrimos. Sin embargo, antes de prorrumpir en el despacho de nuestro jefe para golpearle, nos detendríamos a pensar. Es decir, someteríamos nuestros impulsos emocionales al arbitraje de nuestra razón. Tras ello, podríamos identificar con precisión en qué se está equivocando nuestro superior y planificar cuáles van a ser nuestras demandas, considerando no solo nuestro bienestar personal sino el del conjunto del equipo.

No se trata de dejar de estar enfadado. Al contrario, se trata de racionalizar el enfado. El ejercicio hasta aquí descrito nos conduciría a plantear una serie de argumentos sólidos y contrastables ante la jefatura. La calma, la educación y la exhaustividad con que los presentaríamos nos conferirían una tremenda autoridad. Habríamos optado por el punto medio en lo que concierne a nuestros impulsos irascibles, por la vía intermedia entre la cobardía y la cólera. Habríamos sido valientes. Si convertimos esta forma de gestionar los enfados en hábito, podremos decir, de hecho, que somos personas valientes.

Por consiguiente, el filósofo griego nos invita a solucionar nuestros dilemas cotidianos teniendo siempre presente la necesidad de conducir nuestras emociones a un punto medio racional que las dignifique y las convierta en herramientas útiles para la convivencia y el trabajo colectivo. Cabe aclarar que el aristotelismo no considera que la práctica de las virtudes éticas deba ser obligatoria porque sí. Más bien considera que estas son herramientas que, bien usadas, le reportan a nuestra vida utilidad, placer y belleza. Al final, toda virtud ética conlleva una elección correcta en un dilema entre el placer y el dolor.

La cobardía, si bien nos reporta el placer inmediato de evitar el conflicto, traerá consigo tremendos sufrimientos derivados de nuestra subordinación continuada. La iracundia, si bien me permitirá darme el gusto de expresar mi enfado sin cortapisas, puede traer consigo la venganza o el castigo de los damnificados. La valentía es la opción que más dolores me evita y que más placeres me brinda: no solo es muy posible que contribuya a solventar el motivo de mi enfado, sino que además lo hará desde la calma y la racionalidad, minimizando mis tribulaciones.

Pondré más ejemplos. Aristóteles considera que ser gracioso constituye una importante virtud ética. La persona graciosa practica la virtud de la *ingeniosidad*. Es el punto medio entre la *bufonería* y el *desabrimiento*, es decir, entre una obsesión excesiva con hacer reír y una seriedad sepulcral. La idea es que la bufonería terminará por generarnos más dolor que placer, puesto que, aun provocando algunas risas en nuestros semejantes, terminará por hacernos aparecer frente a ellos como personas fastidiosas, poco confiables y frívolas. Esto pondrá en peligro nuestras amistades y dañará nuestras redes sociales. El *desabrimiento* nos evitará la molestia de tener que ser graciosos, pero podría aislarnos de los otros, granjeándonos sufrimientos —no olvidemos que para Aristóteles los seres humanos somos animales eminentemente sociales—. Solo la *ingeniosidad*, el hábito de ser divertido con mesura y cálculo, nos procurará el placer de las risas ajenas sin hacernos aparecer como unos bufones que no ameritan la confianza de sus semejantes. Para Aristóteles el punto medio trae consigo, así, la maximización del disfrute vital.

Cuidado. No interpretéis que el punto medio aristotélico consiste en una medida aritmética. Ser valiente o ingenioso no consiste en quedarme en la mitad exacta del camino entre los extremos del exceso y del defecto. Esto no es ni posible de calcular ni deseable de ejecutar. De acuerdo con el pensador de Estagira, el punto medio consiste en llevar mis pasiones al punto necesario en armonía con el mandato de mi razón y con las demandas de mi contexto. Hay ocasiones en que el punto medio de la valentía se acerca más a la iracundia que a la cobardía, por ejemplo.

Hecha esta prevención, pensad en cualquier aspecto de vuestro carácter personal en el cual sea posible tender al punto medio. Aristóteles sostendría que la medianía, que no el exceso, siempre constituye la vía más placentera. Tomemos como último caso lo que concierne al hábito de decir la verdad. Para el filósofo, aquel que declara de forma constante lo que piensa o percibe peca de arrogante. Esto es, la *arrogancia* es el vicio de decir siempre la verdad con independencia del contexto y de los interlocutores.

Supongamos que estamos en una reunión social muy formal y nos damos cuenta de que alguien ha expulsado disimuladamente una flatulencia. Declarar a los cuatro vientos que nuestro olfato ha percibido el mefítico perfume y acusar a nuestro sospechoso principal de haber sido él, no constituiría, según Aristóteles, un acto de virtud. Tampoco debiéramos decir a las claras que alguien nos está pareciendo maleducado o que alguien se está quedando calvo. En este caso, la declaración altisonante de la verdad responde a una inclinación irreflexiva que no le hace bien a nadie. Sentirnos con licencia para decir siempre lo que percibimos sin tener en cuenta a los otros es, de acuerdo con el filósofo griego, un acto vicioso de *arrogancia*. Este defecto nos provocará inmensos dolores emocionales, ya que inspiraremos el rechazo de la gente. Nos darán la espalda en el mejor de los casos y, en el peor, nos insultarán o violentarán.

El otro extremo dista asimismo de ser bueno. Con esto me refiero al vicio del *disimulo*, que consiste en no decir nunca la verdad. No hace falta explicar que aquel que miente de forma sistemática queda atrapado en una telaraña de falsedades que le terminan por alejar de sus semejantes. La soledad y el dolor no tardarán en llegar. De nuevo, el camino virtuoso es el más placentero, por ser además el más sostenible en el tiempo. En este caso, Aristóteles identifica la virtud como la *sinceridad*, que consiste en decir la verdad siempre que sea adecuado atendiendo a mi racionalidad y a mi contexto. Saber cuándo declarar algo y cuándo callarlo supondrá, a su parecer, una fuente de éxito social continuado y, por ende, de disfrute.

Por consiguiente, la virtud, que es equivalente al bien moral, consiste en una gestión inteligente del dolor y el placer por vía del punto medio. El vicio, el mal moral, es una gestión poco inteligente del dolor y del placer que tiende a los extremos del exceso y del defecto. El mal siempre genera, a la larga, más displacer que gozo. Ser avaro puede hacer que conservemos muchos recursos en el corto plazo, pero nos privará del placer psicológico que puede suponernos compartir con magnificencia nuestros bienes y forjar una amistad. Ser pusilánime —demasiado humilde— puede ahorrarnos el conflicto inmediato con nuestros semejantes, pero con el tiempo nos sumirá en un estado de subordinación que nos hará desgraciados. Solo un orgullo mesurado puede granjearnos el amor propio y el respeto ajeno, con los deleites duraderos que suponen. La virtud, como punto medio, es equivalente al bien y al placer más elevado; el vicio, como exceso o defecto, es equivalente al mal y al dolor.

IV. LAS TRES REGLAS: CONSCIENCIA, VOLUNTARIEDAD Y HÁBITO

Según Aristóteles, las virtudes éticas son, repito, el punto medio que racionaliza nuestros impulsos apetitivos y emocionales. Seré incluso más preciso: las virtudes éticas son el hábito del punto medio racional mediante el cual gestionamos consciente y voluntariamente nuestros impulsos apetitivos y emocionales. Habréis notado que he introducido tres conceptos de primera importancia en la segunda definición: la consciencia, la voluntariedad y el hábito.

Para que un acto sea virtuoso a Aristóteles no le basta con que sea en apariencia acorde con los mandatos de la virtud. Si quiero que mis quehaceres sean virtuosos de manera genuina, en primer lugar, debo ser consciente de que lo que hago lo hago de acuerdo con la virtud. Por ejemplo, si un ladrón le roba a una ancianita indefensa en la calle y yo me interpongo en su camino es, *a priori*, un acto virtuoso de verdadera valentía. Pero si resulta que me he chocado con el maleante solo por accidente, ya que iba jugando a *Pokémon Go* en mi teléfono y justo había aparecido un Pikachu en aquel punto, no soy consciente de la virtud de mi acto. La falta de conciencia implica que no soy virtuoso. Solo he hecho el bien por casualidad. Esto resulta evidente no solo en el aristotelismo, sino en casi cualquier sistema ético. La ausencia de consciencia también aplicaría si me interpusiera en el camino del ladrón solo por una mecánica aprendida, sin comprender por qué es justo y bueno interponerme en un robo perpetrado contra una persona indefensa.

Esto aplica también al segundo requisito de la virtud: la voluntariedad. Supongamos que soy un ludópata al que le encanta acudir al casino para jugarse su sueldo. En un momento dado, cuando mis deudas ya son tremendas, el casino me prohíbe el ingreso al recinto y yo empiezo a llevar una vida templada, sin apuestas ni excesos. En rigor, para Aristóteles esto no constituiría un acto de virtud, ya que yo no he elegido de acuerdo con mi libre albedrío dejar el juego. Los dueños de la casa de apuestas me han obligado a dejarlo. Es decir, no soy más que una persona viciosa que se ve forzada a llevar una vida templada.

El tercer criterio es aún más exigente: la virtud debe ser un hábito. Según Aristóteles, sirve de poco realizar un acto justo o bondadoso si constituye un hito aislado en mi vida y no se convierte en un ejercicio recurrente. Si me comporto todos los días como una persona iracunda de poco sirve que el día de mi cumpleaños o de mi aniversario me proponga ser dulce y amable con los míos. Los gestos aislados de virtud no hacen a una persona virtuosa ni le reportan verdadera felicidad. La virtud se ejercita como los músculos en el gimnasio: todos los días, con tesón y constancia, sin faltar a la disciplina.

¿Habéis comprendido esta tríada de exigencias consistentes en la consciencia, la voluntariedad y el hábito? Os expondré algunos casos para que reflexionéis si, de acuerdo con Aristóteles, serían virtuosos.

Caso 1:   «Soy un tipo de lo más generoso. Ayer caminaba por la calle y tropecé. Todo mi dinero calló desparramado por la acera y un grupo de mendigos que pasaba por allí lo tomó. En lugar de llamar a la policía, decidí dejárselo. Estaba dolorido, quería volver a casa y pensé que ellos lo aprovecharían mejor que yo. ¿No me dirás que no soy un santo?».

El sujeto del ejemplo le ha cedido una parte de sus ingresos a unos mendigos. Podríamos decir que está practicando la virtud de la generosidad. Sin embargo, en este caso el problema es que el impulso inicial de compartir su dinero no devino de su razón consciente, sino de un tropezón. Del testimonio podemos deducir que, además, decidió no recuperar sus riquezas por una combinación extraña de pereza y generosidad. La falta de conciencia y voluntariedad nos hacen vaticinar que este sujeto no convertirá su filantropía en hábito. Si Aristóteles juzgase este caso, solo le entregaría la etiqueta de virtuoso si comprobase que en adelante el individuo se dedica a compartir de manera cotidiana una cantidad razonable del dinero que lleva en el bolsillo. Ello sin que medien tropiezos ni premuras, solo su hábito caritativo. O, mejor dicho, al filósofo de Estagira consideraría virtuoso a alguien que mostrase constantemente su disposición a compartir cuando alguna circunstancia lo amerite. Ello quiere decir que no sería necesario que donase dinero a cualquier persona que se lo demandara, sino que compartiese su riqueza con otros sin descuidar lo mínimo que necesita para sí mismo y los suyos. La virtud de la generosidad devendría de este hábito prudente.

Caso 2:   «Me la paso borracho casi todos los fines de semana. Pero ayer me dije, ¡basta! Dejé la botella y llevé a mis hijos al parque de diversiones. Así atesorarán un buen recuerdo de mi».

En este caso, el sujeto que nos comparte su testimonio ha actuado de forma consciente y voluntaria en aras del bien. Ha renunciado a sus deseos concupiscentes de alcoholizarse para entregar su tiempo —nuestro recurso más preciado— a sus hijos. Ahora bien, su gesto grandilocuente adolece de un pequeño inconveniente: no es un hábito ni pretende serlo. De su frase colegimos que el tipo lleva una vida viciosa de entrega al alcohol y que desatiende sus obligaciones como padre. Un acto puntual de paternidad responsable no le exonerará de los sufrimientos que les genera a sus niños. Tampoco le reportará los gozos vitales que comportaría renunciar definitivamente a su vicio y vivir de manera constante entregándole su energía a sus seres amados. La virtud es acción continuada en el tiempo. Es la segunda naturaleza que nos damos mediante ejercicios de repetición, que implican disciplina.

Caso 3:   «He adelgazado increíblemente. Normalmente devoraba dos tabletas de chocolate al día, pero desde que sufrí ese ataque diabético, mi pareja me ha prohibido acercarme al azúcar. Soy un tipo sano, pero como echo de menos las kinder…».

En este caso, el sujeto que nos comparte su testimonio ejercita la virtud de la temperancia de forma constante y consciente. Ahora bien, ya os habréis dado cuenta de que aquí falta un ingrediente esencial de la virtud: la voluntariedad. Su pareja le ha prohibido —adivinamos que bajo pena de ruptura— devorar cualquier manjar azucarado. Está actuando de acuerdo con el bien, pero como un esclavo que no es dueño de su voluntad y de su destino. Según Aristóteles, solo somos buenos de verdad cuando somos libres, es decir, cuando nosotros mismos, en respuesta a nuestro juicio racional y a nuestro deseo, decidimos ser virtuosos. Para el filósofo griego, los actos buenos derivados de cualquier imposición o tiranía son inválidos: no le reportarán placer verdadero a quien los ejecuta, pues no serán hechura de su mérito. De ello se desprende que Aristóteles, al contrario que su maestro Platón, no aprobaría un régimen político que obligase a sus miembros a llevar una vida de templanza, generosidad y dedicación al prójimo. Tal utopía sería solo feliz en apariencia, pues encubriría las cadenas de una tiranía en la cual nadie decidiría por sí mismo actuar bien y, por consiguiente, no cultivarían su bondad.

¿Qué opinaría Aristóteles, por ejemplo, del sistema de créditos sociales que está aplicando el gobierno chino en algunas de las regiones del país? Empleando los datos que capta gracias a su estricto control de Internet, la administración puede conocer las webs que visitan sus ciudadanos, así como sus hábitos de compra y de vida. Sobre esa base, se ha arrogado la capacidad de sancionar a aquellos que llevan una vida de «vicio». Es decir, que adquieren comida insalubre, que visitan portales poco decentes o que exhiben comportamientos inapropiados en sus redes[19]. La pérdida de créditos sociales puede comportar serias dificultades para conseguir empleo, dinero en el banco o viajar. Al contrario, a los que compran productos sanos o exhiben unos hábitos de bondad y obediencia, les premian con más puntos sociales. Es evidente que, en este caso, no podemos discernir cuánto de lo que hacen surge de sus virtudes inherentes o de su miedo. Por con-

---

[19] Vincent Brussee, *Social Credit: The Warring States of China's Emerging Data Empire* (Springer Nature, 2023).

siguiente, debemos pensar que no es necesariamente su razón la que dicta su conducta ejemplar, sino el impulso bestial del terror, que es además una fuente notable de sufrimiento. Todo el recetario de Aristóteles para la felicidad y el éxito fracasa ante la ausencia de libertad[20].

Podríamos llevar el caso chino al extremo si recurrimos a la ficción. En específico, recomiendo visionar un episodio de la brillante serie *Rick y Morty* que relata las aventuras interdimensionales de un científico loco y su nieto. El capítulo se titula «Asimilación autoerótica»[21]. En él, los protagonistas se encuentran con un ser alienígena llamado precisamente Unidad. Este es capaz de infectar a los habitantes de planetas enteros, logrando colonizar su mente, de modo que todos quedan unidos por una sola razón y una sola voluntad. Cuando Unidad infecta a todos los habitantes de un planeta, lo hace en aras del bien y del orden y logra que todos, ahora esclavizados por sus poderes mentales, cooperen entre sí, mejoren el medioambiente y generen riqueza y progreso.

¿Sería este el mundo virtuoso con que sueña Aristóteles? Resulta evidente que no, ya que los seres colonizados por Unidad no son sujetos racionales que practiquen de la virtud de acuerdo con su propio juicio. Son más bien cuerpos esclavizados que no tienen capacidad decisoria. El filósofo griego cree que la virtud solo puede surgir cuando un individuo autónomo decide practicarla en función de sus propias convicciones. En este aspecto concuerda con pensadores liberales como John Stuart Mill, que consideraba que el verdadero perfeccionamiento del sujeto solo puede devenir de una conciencia personal libre y creativa[22]. La virtud comunitaria no puede ser una imposición, sino el resultado de los esfuerzos individuales continuados para maximizar la felicidad propia y ajena.

---

[20] Esto, debo decirlo, tiene algunas excepciones: Aristóteles considera que hay individuos que son esclavos por naturaleza, seres humanos que no pueden practicar la virtud por sí solos y que, para llevar una vida buena, necesitan de la tutela de un maestro virtuoso. Sin embargo, no desarrollo este punto porque, si damos por buena la premisa humanista de que todos los seres humanos compartimos una capacidad racional homologable, carece de practicidad en nuestros días.

[21] «Asimilación autoerótica», *Rick y Morty* (Adult Swim, 2015).

[22] John Stuart MILL, *Sobre la libertad* (Santiago de Chile: Biblioteca Nueva, 2018).

V. ZAPATERO A TUS ZAPATOS.
LA VIRTUD COMO DIVISIÓN DEL TRABAJO

Si le habéis prestado mucha atención a los aparados anteriores, os habréis dado cuenta de algo importante. No podemos cultivar ninguna virtud ética en nuestras horas de procrastinación solitaria frente a la Nintendo o frente a una maratón de series en cualquier plataforma de pago. No podemos porque la mayoría de las virtudes éticas son relacionales. Para ser puestas en práctica requieren de la interacción bienintencionada con nuestros semejantes. No puedo ser generoso, valiente, templado o creativo en plenitud si no es con otros que sean depositarios de mis cualidades morales. La virtud, que es el camino por excelencia a la felicidad, depende de la sociabilidad. Expliquemos esta última frase, que es el fundamento de la teoría aristotélica de la bienaventuranza.

Como ya sugerimos previamente, según la obra de Aristóteles todos los seres y cosas se definen por su fin, que vendría dado por las disposiciones de la naturaleza. El fin determina el tipo de existencia adecuado para una entidad y le otorga sentido. El bien y la verdad son equivalentes al fin. Es decir, el perro pastor es un buen perro pastor y un perro pastor verdadero cuando pastorea bien; el platanero es un buen platanero y un verdadero platanero cuando produce plátanos; y el panadero es un buen panadero, un verdadero panadero, cuando hace buen pan. A este respecto, Aristóteles negaría que el buen panadero es el que gana mucho dinero o el que trata bien a su clientela. Tales dones son accesorios al fin natural y último de la panadería: hacer un excelente pan. A este respecto, Aristóteles agrega a las virtudes éticas universales las que son relativas a cada cosa u ocupación. Hay una virtud suprema del castor, del león, del ingeniero, del profesor, del auditor, del coordinador y del inversor. Cada uno alcanza su realización como tal cumpliendo sus fines naturales y sociales con el grado sumo de excelencia. Aristóteles lo explica en un pasaje de su *Ética*:

> Mas conviene no sólo decir que [la virtud] es un estado, sino también qué clase de estado. Pues bien, hay que afirmar que toda virtud no sólo hace que esté en buena disposición aquello de lo que es virtud, sino que también lleva bien a cumplimiento su actividad: por ejemplo, la virtud del ojo hace valioso tanto al ojo como a su actividad, pues vemos bien gracias a la virtud del ojo. Igualmente, la virtud del caballo hace excelente al caballo y bueno para correr, para llevar a su jinete y hacer frente

a los enemigos. Bien, si ello es así en todos los casos, también la virtud del hombre sería el estado gracias al cual el hombre llega a ser bueno y gracias al cual realiza bien su propia actividad [23].

El hecho de que las virtudes sean relativas al fin de cada cosa, cada especie y cada profesión introduce un principio de complementariedad y de división del trabajo en la teoría aristotélica. La idea es que, si cada parte integrante del orden natural y social cumple su fin virtuosamente, el buen funcionamiento del conjunto quedará garantizado. En lo referente a los ecosistemas naturales esta premisa es muy intuitiva: si las abejas llevan a buen término su fin de polinizar, las plantas pueden reproducirse, cumpliendo a su vez su fin de prodigar oxígeno. El ciclo continuaría para crear un conjunto que se reproduce a sí mismo gracias a que cada uno de sus integrantes actúa de acuerdo con su fin o virtud específica.

En lo que concierne a las relaciones sociales, la teoría aristotélica es algo menos intuitiva, pero igual de sugerente. En su libro *La Política* [24], el filósofo utiliza en varias ocasiones la llamada metáfora corporativa: compara a las comunidades humanas con un cuerpo. En congruencia con este símil, cada uno de los individuos y colectivos profesionales que integran una ciudad [25] cumplen una función específica, al igual que cada uno de los órganos de un cuerpo. Para que el sistema opere, cada una de sus funciones debe ser única y guardar una relación de complementariedad con el resto.

Un organismo compuesto solo de pulmones tendría una enorme capacidad respiratoria, pero carecería de movilidad o intelecto. Ningún cuerpo opera como tal si no incluye partes distintas entre sí y que solapen sus fines para servir a un conjunto armónico. Asimismo, ningún cuerpo funciona si esas partes no guardan entre sí una jerarquía. El cerebro, como centro neurálgico que coordina el funcionamiento del resto, sería el órgano de mayor estatus. Mientras tanto, otros operarían en distintos niveles, siendo más o menos necesarios para la pervivencia del todo. Sin duda el corazón gozaría de un estatus superior que el dedo gordo del pie, que es prescindible para que sobreviva el conjunto.

---

[23] Aristóteles, *Ética Nicomaquea*, 56.
[24] Aristóteles, *La Política* (Santiago de Chile: Biblioteca Nueva, 2017).
[25] Entendida aquí como toda comunidad compleja y numerosa de unida por vínculos políticos.

Sea como fuere, en un individuo pleno de cualquier especie casi ningún órgano está de más. Entre todos conforman un sistema auto-suficiente. Aristóteles colige que las mismas reglas rigen para cualquier colectividad humana que tenga fines compartidos: cada uno de sus integrantes debe cumplir funciones específicas y definidas por una jerarquía de necesidades. Si esto es así, la comunidad gozará de auto-suficiencia. Cuanto más diversa, compleja y organizada sea tal comunidad, más perfecta —y por ende autosuficiente— será. Una ciudad será más perfecta que una tribu y esta que una familia, puesto que sus miembros podrán cumplir funciones más concretas. Dicho en términos más modernos, cuanto más diversa, compleja y organizada sea una comunidad, más operará el principio de división del trabajo y especialización.

Pensad en una familia de cuatro miembros que viviera aislada en medio del campo. Cada integrante de la misma se vería obligado a desempeñar múltiples tareas muy distintas entre sí. Uno de ellos tendría que recolectar frutos en el bosque, elaborar conservas, conseguir leña, mantener el fuego de la cabaña encendido, etc. Otro estaría abocado a cazar y pescar, a inventar historias para generar un sentido de identidad en la familia, a practicar la ebanistería para procurarse de cestas y un largo etcétera. Los otros dos miembros también estarían sometidos al peso de un sinfín de quehaceres muy distintos entre sí. Es decir, cada uno de los integrantes de la familia tendría que desempeñar simultáneamente varios oficios: cazador, recolector, limpiador, historiador, sacerdote, albañil, fabricante de cestas y muchas otras. El carácter reducido y poco complejo de esta comunidad familiar supondría una escasa división del trabajo. Ello comportaría, a su vez, un desarrollo escaso de sus virtudes específicas.

Me explico. Las virtudes, aquí como hábitos que nos conducen a la perfección en una actividad determinada, requieren de repetición y de concentración. Es decir, cuanto más enfoque mi energía en la ejecución iterativa de una tarea específica, más excelente y productivo seré en la misma. Cuando solo le dedico una porción nimia de mi día a coser, es muy probable que mi habilidad permanezca estanca, y que logre realizar prendas de escasa calidad y además que lo haga con lentitud. Distinto será si durante un período dilatado le dedico el grueso de mis horas disponibles en cada jornada a coser. Lo más normal es que consiga producir con mucha más rapidez y que, por añadido, los ropajes que elabore tengan un grado mayor de belleza y durabilidad.

Aristóteles, como muchos economistas después que él, concluyó que, si la atención de un individuo está dispersa en múltiples quehaceres, su virtud relativa en cada uno de estos se minimiza. De acuerdo con la teoría aristotélica, el *multitasking* no es bueno. Si, por el contrario, uno se centra en una actividad, la virtud en el desempeño de la misma queda maximizada.

Pero para que una persona pueda dedicar todo su día a coser o a cantar o a cortar leña, alguien tiene que proveerla de todos los bienes ajenos a aquel que está produciendo. En una familia de cuatro miembros que viva aislada en la naturaleza esto es imposible y cada miembro deberá dedicarse a varias cosas, renunciando a desarrollar la virtud en la cual más destaque. Sin embargo, en una comunidad amplia con miles o millones de integrantes esto es mucho más fácil. Aquel que sea un prodigioso costurero, o un soberbio cantante o un consumado cortador de leña podrá pasar los días perfeccionándose en su arte. Esto porque los otros integrantes de la comunidad estarán dispuestos a entregarle a cambio sus prendas, de su música y de su madera el excedente de aquello que producen. Como los órganos de un cuerpo, se especializarán en su virtud relativa y, gracias a ello, terminarán por fundar un sistema autosuficiente que tienda al bien común.

Aquellos que sepáis de economía política os daréis cuenta de que en este punto la teoría aristotélica es muy similar a la de Adam Smith. Para muchos estudiosos, este pensador escocés del siglo XVIII es el padre del liberalismo económico. Desde luego acuñó la idea de que la división del trabajo era el indicador más importante en el grado de civilización de una sociedad. Según su juicio, el factor esencial para que dicho principio operase en plenitud era el comercio: la permutación reglada de bienes y servicios entre individuos muchas veces ajenos entre sí[26].

Según Smith, a lo largo de la historia los seres humanos nos fuimos cerciorando de que como individuos, familias o tribus aislados nuestra capacidad de proveernos de los bienes necesarios para la vida era siempre limitada e implicaba terribles fatigas. Poco a poco, fuimos creando circuitos de intercambio más amplios, los cuales permitían a cada individuo o grupo enfocarse en la producción de un bien espe-

---

[26] Adam SMITH, *La Riqueza de las Naciones* (Santiago de Chile: Biblioteca Nueva, 2018).

cífico. La especialización aumentaba la productividad. Se generaban más bienes y de mayor calidad en menos tiempo. Esta red de intercambios en la que se permutan bienes y servicios es precisamente aquello a lo que llamamos «mercado». Lo interesante es que Smith, al igual que Aristóteles, sostenía que la división del trabajo devenía de nuestra naturaleza carencial. Es decir, puesto que no somos autosuficientes como individuos, necesitamos cooperar con otros para lograr satisfacer nuestras necesidades en plenitud.

Según el filósofo escocés, el mercado es la instancia de cooperación por antonomasia. Ahora bien, de acuerdo con su diagnóstico, este no funciona debido al altruismo o a la bondad de quienes lo integran. Por el contrario, el mercado funciona como un agregado de intereses individuales que nos conduce espontáneamente a la cooperación. Smith explica esto en una cita muy conocida, en la que asevera que el panadero no produce pan porque esté preocupado por alimentar a sus congéneres. Al contrario, se levanta cada mañana y hornea cientos de barras y bollos pensando en su lucro personal y en todos los bienes que obtendrá gracias al pan que logre vender.

Para el filósofo escocés esto dista de ser inmoral, y más bien expresa el fundamento más elevado de la civilización humana, ya que demostraría que, debido a nuestra naturaleza carencial, solo podemos colmar nuestros deseos personales por medio de una actividad comercial que nos empuja a cooperar y a generar el bien ajeno de manera no consciente. De aquí viene precisamente la metáfora del mercado como una «mano invisible»: es un foro en el cual todos nos especializamos en alguna actividad, maximizando nuestra virtud y nuestra productividad para proveer a nuestros semejantes de los productos y servicios que requieren. Haciendo tal cosa, contribuimos al bien común, pero de forma inconsciente, ya que no pensamos en el bien de nuestros semejantes, sino solo en nuestro propio lucro. De ahí que, según la *Riqueza de las Naciones* —obra cumbre de Smith publicada en 1776— el interés personal sea, irónicamente, la fuerza motriz la prosperidad comunitaria, que llegaría a su máximo grado de perfección con la civilización comercial.

El aristotelismo coincide en muchos puntos con Smith. Al igual que el escocés, considera que la división del trabajo es positiva, y que maximizaremos nuestras virtudes en la medida en la cual nos especialicemos en tareas concretas y las pongamos al servicio del resto para crear comunidades autosuficientes. Sin embargo, no cree que el interés personal sea el fundamento esencial y único de esta dinámica. Aristóteles considera, al igual que lo hacía Smith, que somos animales inherentemente sociales y que, por consiguiente, disfrutamos más del reconocimiento y de la amistad de nuestros congéneres que de cualquier forma de consumo.

De ello se desprende que el panadero goza más de comprobar cómo los otros se deleitan con su pan que de cualquier cosa que pueda comprar con el dinero que ingresa con el mismo. Es cierto que ambas cosas son compatibles: puede resarcirse a la vez de los ingresos que le da la venta del pan, del reconocimiento que le prodigan sus semejantes por la calidad de este y del hecho mismo de ser un extraordinario panadero —es decir, puede experimentar un inmenso disfrute psicológico por comprobar su propia virtud—. Cada uno de estos elementos guarda una correlación de acuerdo con la cual el interés material individual del panadero puede conciliarse con las ganas de ser un buen profesional y de que los miembros de la comunidad le tengan por tal.

Aristóteles, por ende, no nos llama a ser egoístas, como tampoco lo hizo Smith. De las teorías del filósofo griego se desprende que considera que somos altruistas de forma espontánea, en la medida en que nuestra felicidad se corresponde con el cultivo de nuestras virtudes y estas requieren siempre de un «otro» con el que ponerlas en práctica. El panadero feliz es el panadero que provee de buen pan a sus compradores; el futbolista feliz es el futbolista que juega bien para sus espectadores; el profesor feliz es el profesor que logra que sus estudiantes aprendan. El lucro, la comodidad personal y el consumo aquí son secundarios.

Hay muchos indicios que demuestran que Aristóteles no se equivoca. ¿Alguna vez habéis hablado con un jubilado que, teniendo una buena pensión y todas sus comodidades garantizadas, echa de menos su vida laboral?, ¿cómo sería esto posible si asumimos que la felicidad de la gente se vincula en exclusiva a aquello que pueda consumir? Aristóteles diría que lo que anhela esa persona jubilada es el cultivo cotidiano de su virtud por medio de su actividad profesional, así como el reconocimiento social que esta le reporta. El buen profesor jubilado añora dar buenas clases, es decir, cumplir el fin conducente a su virtud. Igual que él, el buen ejecutivo echará de menos lograr la creación de ganancias para su empresa, el buen jardinero añorará cultivar hermosas flores y el buen conductor echará en falta manejar su vehículo con destreza.

El mundo social, si es que le creemos a Aristóteles, no se explica principalmente por el dinero o por el egoísmo, sino por nuestra pulsión a desarrollar tareas que sean útiles para los otros y que logren que estos nos reconozcan. El pensamiento de Adam Smith concordaba con estas premisas. El verdadero éxito, la verdadera felicidad, radicaría, en buena medida, en identificar qué virtudes específicas nos son más propias y en dedicar nuestra vida a desarrollarlas en beneficio de los otros. Explicaré esto con mayor profundidad en los apartados subsiguientes.

VI.   COSAS Y HONORES. LA VIDA VOLUPTUOSA Y LA VIDA POLÍTICA

Toda virtud ética requiere de una alianza entre las pasiones de nuestra alma irracional —la ambición, la sed de belleza, el deseo de reconocimiento— y nuestra racionalidad —que las tornaría, siguiendo los ejemplos anteriores, en constancia, creatividad y amor propio—. Como ya he repetido varias veces, según Aristóteles, aquel que alcance la virtud será feliz. La virtud es el bien por antonomasia. Para comprender esto mejor debemos revisar los tipos de «bienes» y de vidas asociadas a estos que Aristóteles clasifica.

Por un lado, estarían los bienes del cuerpo, es decir, aquellos que colman los apetitos inmediatos de nuestra alma irracional. El consumo de muchos de estos copa nuestros estereotipos de felicidad y de éxito en la contemporaneidad: comida, alcohol, deportes que generan adrenalina, sexo, etc. Aristóteles clasifica como *vida del regalo o vida voluptuosa* a aquella que se dedica principalmente al acceso a los bienes del cuerpo. La ética hedonista de la sociedad de consumo encajaría perfectamente con esta definición: nuestra búsqueda perpetua de placeres materiales fugaces y la manera en que vinculamos nuestro estatus y nuestra dicha a estos se correspondería con el modo de vida voluptuoso.

Para el filósofo griego, no es ni remotamente malo satisfacer nuestros deseos materiales, pero la vida voluptuosa no nos da por sí sola la felicidad e incluso puede alejarnos de ella. Aristóteles alega esto por dos razones. En primer lugar, porque considera que el placer corporal es inferior a otros placeres psicológicos que ahora describiré. En segundo lugar, porque asevera que el placer corporal no es autosuficiente: la persona que busca la felicidad en las cosas que posee siempre estará sujeta a la eventualidad de perderlas y siempre deseará más. Algunos teóricos del consumismo moderno, como Gilles Lipovetsky[27], han descrito cómo los mercados e industrias del entretenimiento de nuestro tiempo se esfuerzan por vincular el ideal de la felicidad a la satisfacción inmediata de los deseos materiales. Con ello, según su parecer, promueven el surgimiento constante de nuevos deseos y generan una sensación de vacío perenne en muchos consumidores. A este respecto, Lipovetsky concuerda con Aristóteles: los bienes corporales o materiales nos deparan solo una felicidad fugaz y sempiternamente frustrada por el deseo de acopiar más y más.

Existe un segundo tipo de bienes que Aristóteles tacha de externos, pero que podríamos catalogar como *sociales*. Son los bienes que derivan del reconocimiento de nuestro estatus y de nuestras cualidades por parte de nuestros semejantes. Comprenden los honores, las premiaciones o las victorias valoradas por muchos: un aumento de sueldo, el nombramiento para un cargo de importancia, la consecución de un objetivo importantísimo de nuestra empresa o incluso una fiesta sorpresa organizada por nuestros seres queridos. El filósofo denomina a la vida dedicada a conseguir bienes sociales *vida civil o política*.

Esta es una vida esencialmente activa, ya que privilegia la consecución constante de logros que generen la admiración de los otros. Sin duda, nuestra sociedad contemporánea —productivista y competitiva como ninguna— también valora enormemente este tipo de bienes. Cuando anunciamos en las redes sociales nuestro último ascenso, o exhibimos nuestros quehaceres altruistas en una ONG, o mostramos nuestras dotes deportivas y artísticas, aspiramos legítimamente a que nuestro estatus se vea refrendado ante la percepción de los otros. En la medida en que las mencionadas son actividades relacionales que buscan reafirmar nuestra posición de poder en la comunidad familiar, empresarial o cívica, son políticas. Aristóteles no condena este tipo de bienes. Al contrario, obtener el reconocimiento de los otros, conseguir ser tenido por honorable, bueno, útil, inteligente o creativo, precisa del desarrollo de muchas virtudes éticas que nos conduzcan a la excelencia y que la pongan al servicio de la comunidad.

---

[27] Gilles Lɪᴘᴏᴠᴇᴛsᴋʏ, *Gustar y emocionar: Ensayo sobre la sociedad de la seducción* (Barcelona: Anagrama, 2020).

Eso sí, estos bienes pueden tener derivaciones negativas. Sobre todo cuando nos centramos tanto en colmar nuestro orgullo que las acciones virtuosas por las cuales obtenemos reconocimiento se convierten en algo secundario. Por ejemplo, si paso más tiempo volcando a las redes una imagen de éxito de mi persona que ejecutando acciones útiles y buenas que me prodiguen un reconocimiento genuino, en tal caso estaré fraguando mi propia infelicidad. Me obsesionaré tanto con recibir *likes,* prebendas y ascensos que mi existencia se convertirá en un frenesí guiado por la ambición egoísta mal entendida y por las apariencias. Esto, en el medio plazo, me hará sufrir de manera atroz, ya que mi felicidad no será autosuficiente: no dependerá de mis propias cualidades y acciones, sino de los honores volubles que me brinden los extraños.

Al contrario, si esa necesidad legítima de reconocimiento se subordina a mi búsqueda constante de la excelencia, así como al desarrollo de quehaceres que beneficien a los otros, entonces se tornará en lo que Aristóteles llama *amor propio* y se constituirá en uno de los cauces más importantes para procurarme una vida feliz.

VII. AMISTAD VS. AMOR ROMÁNTICO O LA TRAMPA DE LOS AFECTOS IRRACIONALES

Para Aristóteles el *amor propio* es consustancial a la *amistad* y la *amistad* es una de las claves de la felicidad personal y colectiva. Me explico. El filósofo griego conceptualiza la *amistad* como una fuerza vinculadora e igualadora que deriva de una virtud ética fundamental: el amor. El amor virtuoso es aquel impulso racional que nos conecta con seres humanos que son distintos a nosotros mismos y con los cuales podemos establecer, por consiguiente, relaciones de complementariedad y de ayuda mutua.

Como ya he adelantado en el apartado sobre la división del trabajo, la comunidad de amigos es más perfecta que el individuo aislado, ya que es más autosuficiente. Por mí mismo puedo explotar mis cualidades personales, pero con una comunidad de amigos —entiéndase por cualquier persona con la que tengo una alianza derivada del afecto— puedo aprovechar también sus cualidades y ponerlas recíprocamente a mi servicio. Asimismo, como ya he indicado, solo puedo desarrollar mis virtudes propias si tengo amigos con los cuales ponerlas en práctica como hábito. Solo puedo ser generoso, valiente o sincero, si tengo a alguien al que dar, al que proteger o al que decir la verdad. De acuerdo con la teoría aristotélica, la felicidad y el éxito no son nunca un proceso introspectivo, pues somos seres sociales. El filósofo se mofaría de aquel que afirma que desea «encontrarse a sí mismo» a partir de la ruptura de sus relaciones duraderas o recurriendo a un diálogo interior.

Uno solo define su identidad y consolida su amor propio cuando pone sus acciones virtuosas al servicio de sus amigos. A este respecto, el egoísmo bien entendido —que me reconozcan y acrecienten mi ego por el bien que hago— y el altruismo dejan de ser contrarios para convertirse en aliados simbióticos. Si canalizo mi necesidad de ser amado y reconocido hacia el desarrollo de virtudes éticas que beneficien a aquellos que me rodean, seré feliz y tendré éxito social.

La teoría de la amistad de Aristóteles debiera ser muy tenida en cuenta en las dinámicas de trabajo cooperativo y de competencia en el seno de cualquier organización. Entender la realización profesional como una consecución netamente individual rallaría en lo necio según la doctrina aristotélica. Todas las agrupaciones humanas son una forma de comunidad en la que opera la división del trabajo. Las empresas actuales también lo son. Si dicha división del trabajo se realiza atendiendo a las virtudes de cada uno y si cada parte —cada individuo— está interesada en la prosperidad del todo —el conjunto de miembros y equipos de la empresa—, el resultado será un juego de suma cero positiva: todos saldrán beneficiados en el medio y largo plazo.

Por ello, Aristóteles recomendaría que en las organizaciones empresariales reinase la *amistad*. Reitero que la *amistad* aquí se entiende como una búsqueda del bien personal y colectivo que atiende a una comunidad de intereses conformada por individuos con diversas capacidades y virtudes. Aristóteles dictaminaría que la toxicidad que reina en algunas empresas deriva de un fracaso a la hora de establecer el clima de hermandad y complementariedad que debiera reinar en cualquier comunidad autosuficiente. Pensar que el interés personal y el colectivo son entidades contrapuestas es una de las premisas anti-aristotélicas de moda y, en muchas ocasiones, dista mucho de ser correcta. La amistad sería, según Aristóteles, la praxis que acompasa los intereses individuales con los de la comunidad.

Habréis notado que el concepto del amor que cultiva Aristóteles no tiene nada que ver con la idea del amor romántico que impera en Occidente desde el siglo XVIII [28]. Fue una filósofa de esta centuria, Mary Wollstonecraft, la que mejor explicitó la diferencia entre el ideal aristotélico y el romántico en lo concerniente a este tema. La autora inglesa, cuya tormentosa biografía fue una lección trágica de los peligros del afecto irracional, elaboró sus doctrinas sobre el amor y la amistad en su *Vindicación de los Derechos de la Mujer*, publicada en 1792 [29]. Este libro recuperaba la ética de las virtudes de la tradición aristotélica para confrontar la situación de subordinación que vivían las mujeres europeas durante la época de la autora.

Según esta, las niñas y jovencitas eran educadas como «seres de sensación o de placer». Es decir, se las adoctrinaba para que asociasen su felicidad a los bienes del cuerpo y al cuidado superficial de su apariencia. Una dama modélica debía disfrutar de los perfumes, la ropa y los maquillajes, mostrándose bella y risueña ante sus potenciales aduladores. El ideal era que viviese dedicada a los placeres mundanos y las sensaciones agradables. Su existencia debía consistir en una sucesión de fiestas, arreglos frente al espejo y conversaciones superficiales, todo ello sazonado de tareas domésticas. Este arquetipo femenino tenía por objetivo, según Wollstonecraft, negarles a las mujeres el acceso a una educación que cultivase su razón y las permitiese con ello acceder a posiciones sociales de dignidad y poder. Obsesionadas con el maquillaje, la moda y los juegos sensuales, las jóvenes dejaban de lado la lectura, el trabajo y el pensamiento, para alejarse así de la virtud y ser fácilmente manipuladas.

De acuerdo con la autora, este sistema de subordinación iba acompañado de una idea sensualista del amor. Según Wollstonecraft, el tipo de amor que se promovía en su tiempo no era un afecto racional derivado del cultivo compartido y complementario de las virtudes, sino un sentimiento irrefrenable de deseo que no comparecía ante la razón. Esta idea suponía que las jóvenes viesen como algo natural convertirse en la esclava doméstica o en la atracción sexual de maridos o pretendientes que, en muchos casos, no las respetaban ni las trataban como seres dotados de dignidad.

---

[28] Sobre el desarrollo histórico del amor romántico: Stephanie COONTZ, *Historia del matrimonio: Cómo el amor conquistó el matrimonio* (Barcelona: Gedisa, 2006); Diane ACKERMAN, *Una historia natural de amor* (Madrid: Anagrama, 2000).

[29] Mary WOLLSTONECRAFT, *Vindicación de los derechos de la mujer* (Santiago de Chile: Ediciones Akal, 2018).

El amor entendido como un sentimiento inexplicable de atracción se unía al culto al placer para promover un modelo de mujer frívola y dominable. Lo interesante es que Wollstonecraft consideraba que esta cultura sensualista también perjudicaba a muchos hombres, que vivían pensando en los bienes corporales que podían consumir y que se sometían al imperio de sus deseos irreflexivos sin pasarlos por el tamiz de su juicio racional. Según la inglesa, la promoción del placer, la superficialidad y el romanticismo eran mecanismos sutiles de opresión que permitían que algunos poderosos mantuviesen a la mayoría en una suerte de jaula autocomplacida. Quien centra todas sus energías vitales en verse hermoso, en consumir productos que le reportan gozos inmediatos y en entregarse a sus emociones desbocadas, termina perdiendo la capacidad para aprender, para criticar y para desarrollar sus potencialidades sociales e intelectuales.

Cuando repaso la *Vindicación de los Derechos de la Mujer* no puedo evitar pensar en algunos *reality shows* muy célebres en estos días, como aquel titulado *La Isla de las Tentaciones*[30]. En este vemos desfilar a una tropa de hombres y de mujeres obsesionados con la belleza aparente de su físico. Todos ellos asocian explícitamente su felicidad a los goces corporales efímeros, como el consumo de alcohol, el sexo ocasional o la mera exhibición de sus músculos, modelitos y encantos juveniles. Aún más importante, todos asumen como cierto un concepto sensualista de sus relaciones mutuas. Cuando se perciben enamorados o atraídos por alguien, no lo viven como el fruto de un conocimiento profundo —ni siquiera superficial— de las aficiones, cualidades y proyectos vitales del otro. Aseveran sin más que su atracción deviene del hecho de que han «conectado». Cuando utilizan esa palabra los «tentadores», «tentadoras» y «tentados» que protagonizan el *show* se refieren a un deseo súbito y no razonable, que les embarga como el resultado de una serie de procesos físicos que nada tienen que ver con los proyectos o las cualidades espirituales del deseado.

Este es el tipo de vida cosmética y de atracción animal que Wollstonecraft identificó como el origen de nuestra subordinación moral y mental a un sistema que nos enjaula en la superficialidad. El filósofo francés Robert Redeker comparte este diagnóstico en su libro *Ego-*

---

[30] *La Isla de las Tentaciones* (Cuarzo Producciones; Mediaset España, 2020).

body[31], en el cual asevera que hoy en día se ha impuesto un hedonismo narcisista que promueve la convicción de que la identidad personal se corresponde totalmente con la apariencia externa del cuerpo. Al mismo tiempo, germina la creencia de que la felicidad ha de cifrarse en los placeres a los que de acceso dicho cuerpo. La racionalidad, la búsqueda del bien y la sociabilidad basada en un entendimiento profundo del alma ajena han cedido su lugar a la superficialidad, la obsesión con la apariencia y la búsqueda de satisfacciones físicas inmediatas.

En este contexto, no nos relacionamos en plenitud con nuestros semejantes, sino que les consumimos. Usamos sus cuerpos y su tiempo como un medio para alcanzar un deleite sensorial propio. Por supuesto, los vínculos que derivan de tal visión de las cosas, no pueden ser duraderos. Estableceré una relación con alguien mientras satisfaga mis deseos inmediatos y mientras la «llama» del sentimiento amoroso irreflexivo que le profeso siga viva. La extinción de dicha pasión irracional no tardará mucho en llegar. Cuando caduque, entregado como lo estoy a mi satisfacción inmediatista, consideraré que el otro «no me aporta» nada. Como si de un viejo televisor se tratara, lo cambiaré por otro producto/persona que, en su novedad, excite mis apetitos.

Wollstonecraft creía que el amor verdadero era algo muy distinto a todo esto. De hecho, para describir la versión que considera verdaderamente buena del amor recurre al concepto aristotélico de la *amistad*. Para ella la amistad no es una emoción irracional que devenga de un impulso físico. Por el contrario, es un afecto meditado y detenido, mediante el cual dos seres definen unos fines compartidos que tienden a acrecentar sus virtudes. El amor, conceptuado como amistad, puede fructificar entre padre e hijo, entre dos viejos conocidos o entre dos jóvenes amantes que deciden vincularse. Tiene muchas variantes, pero lo importante es que surge del reconocimiento del otro como un sujeto pensante y digno, con el que comparto aficiones, inquietudes y proyectos. Puede que el deseo carnal y físico también esté presente en esta relación, pero cuando se atenúe quedará lo más relevante: las aspiraciones compartidas y el deseo racional de una vida en común.

Tanto para Wollstonecraft como para Aristóteles la lógica y la razón no son enemigos de los sentimientos. Por el contrario, ambos

---

[31] Robert Redeker, *Egobody: la fábrica del hombre nuevo* (Bogotá: Fondo de Cultura Económica, Luna Libros, 2014).

sostienen que nuestras emociones se elevan a su máxima expresión cuando responden a esquemas lógicos. El apego que sentiré por una persona que me cuida, me respeta, me apoya y me alienta atiende a una serie de elementos justificables racionalmente. El afecto que siento por alguien que me veja, me insulta, me ningunea y me supedita a sus intereses egoístas no tiene una base lógica y solo puede deberse a pasiones superfluas o desnortadas.

Lo que sostiene el aristotelismo es que el amor respaldado por la razón —también llamado *amistad*— es mucho más sólido, profundo, sublime, placentero y poderoso que el amor solo basado en «conexiones» caprichosas. El mito del amor a primera vista les provocaría verdadera urticaria a Wollstonecraft y Aristóteles, que recomendarían que nuestras relaciones, tanto de pareja como amistosas o filiales, se basaran en el cultivo común de las virtudes.

Cuando hago referencia a esto no debéis pensar que quieren que la amistad consista en algo así como la vida monacal. Reitero que las virtudes éticas tienen que ver con el desarrollo de hábitos que tiendan a conducir nuestros deseos al punto medio y elevar nuestra alma racional. Uno puede acrecentar sus virtudes siendo generoso, valiente, dulce y justo. Enfrentar los desafíos que presenta la vida de las parejas y los amigos siempre suele comportar el desarrollo de estas cualidades y, cuando se consigue que estas den frutos, las relaciones se refuerzan y producen un placer difícil de emular. El gozo que pueden experimentar dos ancianos que miran atrás y se cercioran de que, gracias al despliegue de las virtudes mencionadas, han conseguido superar juntos las pruebas de la vida, es superlativo.

Por supuesto, ser valiente, generoso, dulce y justo por el otro en ocasiones comporta un grado no menor de sacrificio y, por consiguiente, de sufrimiento. La Amistad con mayúsculas y el Amor con mayúsculas cuestan. El ser amado siempre es parcialmente insoportable y debemos aprender a vivir con sus imperfecciones. Asimismo, apostar por un fin compartido en lugar de por uno individual implica renunciar a algunas metas personales. Con todo, tanto Wollstonecraft como Aristóteles sostienen que la codependencia entre seres virtuosos es un premio que compensa a la larga los sufrimientos que genera. El amor propio, la sabiduría y la alegría no se encuentran en la exploración introspectiva de uno mismo, sino en el diálogo y el intercambio con los otros, en el hacer cosas por los otros y con los otros. El ser humano es un animal inherentemente social y las virtudes surgen cuando nos amistamos con nuestros semejantes.

Quisiera recordar además que otras virtudes no cuestan tanto. Tomar unas copas de vino mientras se tiene una conversación agradable puede constituir un hábito virtuoso. Esto sobre todo si la conversación genera una dialéctica que haga a los interlocutores más sabios; o si en el contexto de la misma se desarrollan dones como la elocuencia y la temperancia. Es decir, sostener una relación de amistad o de amor basada en el cultivo de las virtudes racionales puede ser muy divertido, al menos desde el punto de vista de nuestros autores. Ser virtuoso en comunidad debe incluir dilatados espacios de ocio. ¿Pero, qué es el ocio de acuerdo con Aristóteles?

VIII.   LA FELICIDAD COMO REALIZACIÓN Y OCIO

Hay un tercer tipo de vida que, según Aristóteles, supera a la voluptuosa y a la política y que tiene que ver —no os sorprenderá— con el cultivo de las virtudes. Es posible que leyendo este capítulo hayáis pensado que el filósofo griego veía en las virtudes un medio para alcanzar algún tipo de fin superior. Es decir, podríais suponer que el que lleva una vida virtuosa espera una recompensa a cambio. Este principio sería aplicable hasta cierto punto a los planteamientos de algunos filósofos cristianos que, como San Agustín [32] y Santo Tomás [33], asumieron que una existencia terrena dedicada al bien era un vehículo para acceder a un bien superior que estaba fuera de este mundo: la salvación del alma y su unión con Dios. Pero Aristóteles no es tan trascendente en sus postulados. Para él, el hecho mismo de ser virtuoso es una recompensa en sí [34]. De todo lo explicado en las secciones anteriores se colige el por qué. Pongamos algún ejemplo que lo ilustre.

El tío de mi esposa decidió hace años abrir una hípica. Adquirió un terreno de más de diecisiete hectáreas e invirtió un esfuerzo considerable en construir las cuadras, adquirir los caballos y encontrar a los clientes. ¿Por qué lo hizo? Un análisis materialista de su iniciativa nos

---

[32] SAN AGUSTÍN DE HIPONA, *La ciudad de Dios* (Madrid: Tecnos, 2013).
[33] SANTO TOMÁS DE AQUINO, *Suma de Teología* (Madrid: Biblioteca de Autores Cristianos, 2017).
[34] Santo Tomás, de hecho, estaba de acuerdo con este punto.

puede llevar a pensar que lo hizo de acuerdo con los principios de la vida voluptuosa. Es decir, abrió la hípica e invirtió su esfuerzo prediciendo que esta sería muy rentable y que por consiguiente le brindaría cuantiosos beneficios. Con esos recursos esperaba satisfacer un montón de placeres que reclamaba su alma irracional, comprando buenos vinos, una casa lujosa y un auto último modelo. Sin embargo, sé muy bien que esto no es así. Lo cierto es que el tío de mi esposa vaticinaba que los beneficios económicos de la hípica no iban a ser muy significativos y que los placeres voluptuosos que le reportaría el lucro no compensarían ni remotamente los dolores que iba a conllevar el trabajo de poner en marcha su centro de equitación.

Y entonces, ¿por qué lo hizo? Barajemos una segunda hipótesis. Tal vez podamos explicar su emprendimiento de acuerdo con los principios de la vida política. Esto es, podríamos especular que el tío de mi esposa no quería lucrarse, pero sí ser reconocido como un gran empresario y como un consumado experto en caballos en su círculo social. Es plausible que soñase con la dignidad y el poder que le reportaría hacerse cargo de los caballos de las gentes más pudientes de la región. No es descabellado hipotetizar que se imaginaba a sí mismo recibiendo la admiración de sus estudiantes y los aplausos por sus clientes, que se mostrarían cautivados por la destreza de su doma y la magnificencia de sus caballos. Sin embargo, resulta que este emprendedor sabía desde el principio que, por su localización y dimensiones modestas, su hípica no le reportaría tanta gloria como para compensar el tremendo esfuerzo que supondría ponerla en marcha.

Y entonces, ¿por qué? Si no buscaba ni dinero ni reconocimiento, ¿qué esperaba el tío de mi esposa? Una vez le pregunté. Me contestó con una franqueza que me convenció. Su respuesta fue de un aristotelismo puro. Me explicó que había abierto la hípica porque le gustan los caballos. Me describió la dicha que siente cuando edifica sus cuadras, cuando selecciona los especímenes, cuando los ensilla con cariño y cuando comparte su pasión con aquellos que concurren al recinto. Lo que buscaba era el gozo más elevado que puede experimentar un ser humano de acuerdo con Aristóteles: el de desempeñar una tarea con el grado sumo de virtud y el de saberse virtuoso.

En este caso lo que define la felicidad y el éxito de mi pariente es la excelencia del objeto logrado, la calidad de una hípica que es hechura de sus desvelos y esfuerzos continuados. Cumplir el fin de una actividad con virtud, ser el mejor gestor de hípicas y maestro de equitación posible, constituye la realización de este individuo y le genera un placer mental puro y autosuficiente —no depende del reconocimiento o del ingreso—. Si esto es así en lo que se refiere a la virtud como actividad profesional específica, también lo es cuando hablamos de las virtudes éticas universales. Saberse generoso, valiente, ingenioso y justo conlleva una felicidad notable y, casi siempre, nos granjea la amistad de nuestros congéneres. La virtud, con su socia imprescindible la amistad, es la pieza clave del éxito en la filosofía aristotélica.

Aristóteles sostiene, así, que la vida que se centra en el cultivo de las virtudes es superior a la vida política y a la vida voluptuosa. Muchos os sorprenderéis si os digo que el filósofo griego llama a este género superior de existencia la *vida ociosa* o *contemplativa*. Apuesto a que, al leer la palabra ociosa, varios habréis pensado inmediatamente en restaurantes de comida rápida, parques de atracciones, rutas en bicicleta o partidos de fútbol. Eso es porque nuestro concepto de ocio en la actualidad está atravesado por una ética hedonista.

Para nosotros el ocio es el tiempo del no pensar, del apagar la mente. Invertimos muchos de nuestros días libres en aficiones que narcotizan nuestro cerebro y que no requieren que active su reflexividad y su creatividad. Por eso en muchas ocasiones nos decantamos por una película facilona —explosiones, puñetazos y trama sencilla— antes que por una compleja tragedia de Sorrentino o Lars Von Trier, que es probable que nos obligue a poner en marcha nuestras neuronas y a reflexionar sobre la condición humana. Cada vez más decidimos dejar de lado los libros densos y los espacios artísticos para invertir nuestros fines de semana en toda una panoplia de ejercicios que no conllevan demasiado esfuerzo intelectual o emocional —boleras, esquí, discotecas, *reality shows*, etc.—. No estoy atacando ni a las películas facilonas, ni a las boleras, ni al esquí ni a ninguna de las aficiones que he tachado de indoloras o superfluas. A mí me encanta entregarme a varias de ellas. Aristóteles, como sabéis, tampoco las desaprobaría. Simplemente consideraría que forman parte de la vida voluptuosa y que dan acceso a placeres sensoriales efímeros —del tipo chut de adrenalina, borrachera o sexo sin amor—.

Tales entretenimientos superfluos no se corresponden con lo que Aristóteles entiende por ocio. Para él, este concepto hace referencia al uso del tiempo libre para el cultivo de nuestras virtudes. En este contexto, ya hemos visto cómo los momentos de distensión con los amigos y los familiares pueden funcionar como todo un semillero de virtudes éticas. La generosidad, el ingenio, la elocuencia o la temperancia emergen cuando detenemos nuestras tareas domésticas y profesionales para estar con los otros.

Pero el ocio aristotélico implica ante todo el cultivo de otro tipo de virtudes de las cuales no hemos hablado. Son las llamadas *virtudes dianoéticas*. Si las éticas hacen referencia al hábito de conducir nuestras pasiones de acuerdo con el punto medio dictado por la razón, las dianoéticas consisten en el desarrollo de las capacidades puras de nuestra alma racional. Es decir, comprenden todos los ejercicios que nos conducen al saber, que nos reportan conocimiento del mundo y de nosotros mismos. Aristóteles establece una distinción muy refinada entre distintos tipos de razonamiento. Por ejemplo, la ciencia sería un género de saber que nos permite entender todas las leyes fijas que rigen el universo. La prudencia, por su parte, es un modo de pensamiento que, al contrario, nos permite comprender aquello que es mutable y que no responde a leyes causales estables, como el comportamiento humano. Además, ser prudente nos permite producir juicios prácticos sobre los mejores cursos morales de acción que debemos adoptar.

Aristóteles identifica otras tantas estrategias de pensamiento, pero lo que aquí me interesa es subrayar lo esencial: el filósofo considera que el cultivo de nuestros saberes es la forma más acabada de felicidad y, por consiguiente, el modo más elevado de ocio. Si atendemos a sus doctrinas, el hecho mismo de aprender es la forma suprema de interactuar con el mundo. Comprender las leyes y dinámicas que rigen la realidad es como fundirse con el cosmos que me circunda y con los entes que lo componen. Ese salir de uno mismo, ese dejarse arrastrar por una ventolera de verdades, es la clave de la plenitud personal en Aristóteles. Supone hacerse consciente de un yo que está atravesado de las cosas y seres que le rodean.

Por consiguiente, el filósofo sostiene que todo tiempo invertido en el cultivo de las virtudes dianoéticas es, de hecho, tiempo de realización personal en el más alto nivel. Tened en cuenta que hay muchas vías posibles para refinar mi conocimiento sobre el mundo: un paseo exploratorio por el campo, unas horas perfeccionando mis dotes de dibujante, la lectura de un libro que me confronte con las ambivalencias de la naturaleza humana, el visionado de una película que haga lo propio, etc. Por supuesto, una buena conversación en la cual intercambio ideas fundadas con un amigo también puede comportar el desarrollo de mis facultades intelectuales. Es más, para Aristóteles, al igual que para su maestro Platón, los diálogos entre dos pares que buscan la verdad sobre cualquier tema —el amor, la energía atómica, la decadencia de Occidente, la esencia de algún personaje de anime— son la práctica que más nos acerca a la verdad[35]. A tales diálogos los denominan dialéctica, esto es, un intercambio crítico y ordenado de argumentos que aspiran al entendimiento de la realidad.

Sea como fuere, quisiera haceros notar que todas las formas de ocio aristotélico hasta aquí mencionadas comparten entre sí una relación muy particular con el tiempo. Ninguna de las mismas se define por los logros cuantitativos obtenidos en su desempeño. Ninguna de ellas, en principio, responde a criterios de productividad o de cumplimiento acumulativo de tareas pautadas. Ninguna se plantea como un medio para conseguir algo que vaya más allá del propio perfeccionamiento.

Esto puede resultar algo contraintuitivo en nuestra época, cuando el ocio raramente es tenido por un fin en sí mismo. Más bien lo vemos como un paréntesis para recargar las pilas que nos servirán para ser productivos en el trabajo o en los estudios. El fin sigue siendo la productividad. El ocio solo es un medio, un alivio. Es curioso que, como lo diagnostican Manuel Cruz[36] y Hans Ulrich Gumbrecht[37], hoy hayan eclosionado en Occidente una serie de técnicas que privilegian la meditación y la contemplación, como el yoga, el budismo *new age* y el *mindfullness*. Muchas de estas han perdido hoy en día su significado espiritual originario y se emplean como estrategias terapéuticas para que un individuo estresado por el productivismo imperante pueda tener momentos de paz que le alejen de la depresión. El objetivo ya no es, por lo tanto, la elevación trascendente, sino seguir teniendo una vida hiperactiva sin enloquecer. Figuras como el Coach emergen de esa necesidad de incentivar la productividad a partir de momentos muy acotados de reflexividad.

Como ya hemos explicado en la introducción, este modelo de vida activa ha colonizado también nuestro tiempo libre. Para muchos millenials de clase media, por ejemplo, es una vergüenza que sus fines de semana no estén saturados de «experiencias» demostrables en sus

---

[35] Jakob Leth FINK, *The Development of Dialectic from Plato to Aristotle* (Cambridge University Press, 2012).

[36] Manuel CRUZ, *Ser sin tiempo* (Barcelona: Herder Editorial, 2018).

[37] Hans ULRICH GUMBRECHT, *Our Broad Present: Time and Contemporary Culture* (New York: Columbia University Press, 2014).

redes sociales, como hacer senderismo, ir a una cata de cualquier cosa o viajar a cualquier lugar para capturar el mayor número de «momentos» posibles con la cámara. Aristóteles se rebelaría rápidamente contra esto. Según su juicio, el ocio debiera ser contemplativo y no activo. Es decir, debiera abolir el tiempo ordinario de la productividad para sumirse en un tiempo detenido, que no se rija por más ritmo que el del arte o aprendizaje que nos ocupa. Algunos pensadores como Byung Chul-Han[38] y Bertrand Russell[39] reivindicaron este retorno a la ociosidad inspirándose en la tradición aristotélica.

No se trata de leer cuatro libros este mes, sino de gozar cada emoción y pensamiento que me suscite la lectura, rumiándola sin presiones. No se trata de tener una conversación de diez minutos para luego ir rapidito a la discoteca y demostrar en mis redes que soy exitoso, sino de dejarse llevar por la conversación sin más motivación que el deleite mismo que esta nos genera. No se trata de contemplar cada uno de los monumentos que me indica la guía de viajes en mi periplo por Roma y Estambul para decir que lo he visto todo. Se trata, por el contrario, de pasear con parsimonia, de detenerme a observar bien aquellos paisajes, edificios o escenas que me parezcan bellos y de exprimir lo que yo considere cada imagen, escrito o charla que entable en mi recorrido.

¿Que no logro cumplir todos los ítems contemplados en la guía?, ¿que dirán mis *followers* en las redes que no he hecho todo lo que se podía hacer en Roma o Estambul en cuatro días? La respuesta de Aristóteles sería clara: «Que os zurzan. En un viaje de placer no me hallo en la esfera de la vida activa, sino del ocio o vida contemplativa. No debo cumplir con unos objetivos prefijados. Mi única obligación es ser feliz, y para eso lo mejor es aprender y cultivar la amistad. Así que iré a mi ritmo y al ritmo de aquellos que quieran compartir mi ocio».

IX. CONCLUSIÓN

La idea de la vida buena, dichosa y exitosa en Aristóteles dista mucho de los principios del individualismo hedonista de nuestro tiempo. Los placeres materiales son secundarios frente a los bienes

---

[38] Byung-Chul HAN, *Vida contemplativa: Elogio de la inactividad* (Madrid: Taurus, 2023).2023

[39] Bertrand RUSSELL, *Elogio de la ociosidad* (Barcelona: Edhasa, 2021).

sociales. El amor propio es dependiente de la amistad. La felicidad solo puede surgir como el fruto de una vida social virtuosa. La virtud se concibe como un bien del alma, el bien al que debemos aspirar por encima de las cosas o del reconocimiento ajeno. La virtud no es un medio para estas cosas, sino un fin. Nada nos produce mayor gozo psicológico, según Aristóteles, que saber a ciencia cierta que hemos sido justos, honrados, valientes, generosos y dignos.

Todas estas virtudes son hábitos que dependen enteramente de nuestra voluntad y que, por ende, son autosuficientes. No podemos controlar en plenitud si seremos ricos, si lloverá el día de nuestra boda o si nuestra familia estará sana; pero sí podemos controlar nuestros hábitos y dirigirlos al bien. No podemos saber a ciencia cierta si nuestro jefe o jefa tendrá a bien darnos un ascenso, si nos concederán ese proyecto que hemos licitado o si las ventas aumentarán este año; pero sí podemos saber que hemos sido los mejores administradores, comerciantes, profesores o ejecutivos posibles de acuerdo con los dictados de la virtud racional.

Esa es, para Aristóteles, la suprema fuente de felicidad: la plenitud moral y psicológica que nos proporciona ser conscientes de que hemos hecho todo el bien posible a partir de nuestras cualidades; que hemos sido útiles, buenos, generosos y afectuosos sin importar el resultado. Centrarse en ser excelente para los demás y para uno mismo, y no tanto en las recompensas materiales, la imagen proyectada y los reconocimientos, constituye la verdadera clave del éxito para Aristóteles.

CAPÍTULO II

¿CÓMO SER FELIZ Y VIVIR EN CALMA? EL ESTOICISMO

I. HA SIDO UN DÍA DE MIERDA PERO… ¿DEBERÍAS ESTAR TRISTE?

Démosle comienzo a este bloque imaginando una jornada terrible, de esas que en español castizo denominamos «un día de mierda». Poned la mente en blanco y transportaros al escenario siguiente. Es enero. Las fiestas terminaron y dejaron paso a un ambiente plomizo. Es el primer día de trabajo y sabéis que pronto olvidaréis todas vuestras alegrías vacacionales. Os levantáis a las 6 de la mañana para llegar a una reunión de primordial importancia en la oficina. Al poneros en pie os atenaza un dolor insufrible en el cuello. ¡Ay! Otra vez las cervicales. Arrastráis vuestro cuerpo de escombro hasta el baño. Hace un frío glacial. Parece que la calefacción ha vuelto a estropearse. ¿Qué podéis hacer? Por más que insistís, vuestro arrendador es una verdadera tortuga cuando se trata de reparar las averías.

Una vez en el espejo, descubrís que un grano del tamaño de un champiñón mutante ha eclosionado en el centro de vuestra frente. Frente, que, por cierto, cada vez tiene más arrugas. Al poneros el pantalón, las costuras que contornean vuestras nalgas se descosen, formando una colosal rotura que deja a la vista vuestra descolorida ropa interior. ¿Habrá sido el sobrepeso derivado de los excesos navideños o solo la mala suerte? Os ataviáis con el pantalón que os queda limpio en el armario y os preparáis una taza de café. Tomáis un sorbo que os calcina la lengua. El microondas funciona como y cuando quiere.

¿Dónde estará vuestra pareja? Normalmente no se marcha tan pronto. Vais con retraso, no hay tiempo para pensar. Justo antes de salir por la puerta, una gota se precipita desde el techo y os golpea el grano. Otra vez goteras.

El cielo está macilento y nuboso. Llueve. Habéis olvidado el paraguas, pero el chaparrón deja de importaros cuando posáis vuestros zapatos nuevos sobre una enorme masa marrón que se cuela en las hendiduras de la suela. El hedor es repugnante y todo apunta a que os acompañará el resto del día. Os preguntáis por qué los paseadores de perros tienen esta manía sociopática de dejar la ciudad sembrada de los alivios de sus mascotas. En fin, hay que ser rápido, se va a marchar el metro. Todo ha empezado mal, pero conseguís llegar a tiempo a la reunión.

El Comité de Dirección os ha convocado para informar de un importante ascenso. Sabéis que, de acuerdo con vuestros méritos, sois la mejor opción. Pero no. El designado es vuestro peor enemigo, un abyecto lame-suelas que, en lugar de trabajar, se dedica a halagar a los directivos y torpedear a los compañeros. Un amigo cercano al Comité os explica que vuestros logros ameritaban el puesto, pero que le cae mejor a los jefes. Al menos esta jornada execrable llega a su fin.

Volvéis a casa con la intención de calentar unas salchichas baratas en el microondas, pero justo cuando abrís este descubrís una nota de vuestra pareja junto a él. Por eso esta mañana había desaparecido. Dice que os quiere, que habéis sido la mejor compañía posible en estos últimos 5 años, pero que necesita reencontrarse con su yo interior y que por eso se marcha con un amante de sexo indeterminado de nombre Xiao Wu. Os sentís destrozados, así que decidís llamar a vuestra abuela, una persona sabia e inteligente que nunca os ha fallado a la hora de aconsejaros y brindaros apoyo. Sin embargo, cuando os coje el teléfono apenas os reconoce. Su demencia senil avanza a pasos agigantados y ya no es quien solía ser.

Bien, todos convendréis en que este que hemos descrito es un día caricaturescamente oscuro y deprimente. Sin embargo, debéis reconocer que en muchas ocasiones la vida nos es tan adversa como en la ficción que acabamos de narrar. ¿Cuál ha de ser nuestra actitud ante estas acometidas del destino?, ¿cómo obtener el éxito y la felicidad frente a las desgracias recurrentes que nos sobrevienen? ¿Y si os digo que hay una corriente filosófica que aseveraría que ninguna de las cosas horribles que nos han sucedido en ese día imaginario nos da motivos fundados para sentirnos tristes o abatidos? Mucho menos para rendirnos. Su argumento sería simple en apariencia: ni los problemas cervicales, ni las averías, ni los granos, ni las goteras, ni las cacas de perro, ni las decisiones de jefatura, ni los devaneos psicosexuales de la pareja, ni la demencia de nuestros abuelos, ni la vejez, ni la muerte dependen de nuestra voluntad. Ninguna de esas realidades es el fruto de nuestras libres decisiones, sino que forma parte de un campo de eventos cuyas causas escapan a nuestro control directo, aquello que llamamos la «fortuna».

La corriente que nos reprendería si nos mostramos abatidos por ese día catastrófico que hemos imaginado se llama estoicismo y su premisa fundamental es esta: solo aquel que aprenda a discernir racionalmente lo que depende de él de lo que no depende de él será feliz y exitoso en la vida. Dicho de manera más completa, solo aquel que se acostumbre a preocuparse de lo que depende de él, mientras se acostumbra a aceptar lo que no depende de él, será feliz y exitoso en la vida. Infeliz será aquel que se atormente de constante por cosas que no puede controlar en plenitud, como la muerte, la enfermedad, la riqueza o la voluntad ajena. Feliz será aquel que acepte estas cosas como le vienen dadas y que vuelque sus energías y sus afectos en aquello que verdaderamente puede controlar de acuerdo con sus cualidades personales y a sus disposiciones naturales.

Explicaremos esto por extenso en los siguientes apartados, ya que estoy convencido de que el estoicismo nos provee de claves muy útiles para gestionar los sufrimientos y los eventos inesperados que irrumpen cuando tratamos de alcanzar nuestros objetivos. De hecho, los cultivadores de este ideal nos pueden ayudar a definir dichos objetivos a partir de un esquema racional y realista.

Pero antes de entrar en materia, un poco de contextualización. Los estoicos fueron una corriente de pensamiento que nació en el mundo clásico, alcanzando su apogeo en el Imperio Romano, particularmente entre los siglos I y III d. C.[1] Los cultivadores del estoicismo deseaban, entre otras muchas cosas, proponer un modelo ético de conducta que permitiese que las opulentas elites romanas llevasen un estilo de vida ca-

---

[1] Para contextualizar el estoicismo: Brad INWOOD, *Stoicism: A Very Short Introduction* (Oxford University Press, 2018).

racterizado por la frugalidad, la humildad, la responsabilidad cívica y el cultivo de su inteligencia. Es más, los estoicos deseaban desarrollar una teoría de la moralidad que pudiese ser puesta en práctica por todos los habitantes del imperio, permitiendo que esclavos, patricios, hombres, mujeres, terratenientes y campesinos accediesen por igual a la felicidad. Bajo este supuesto subyacía una firme creencia en la igualdad humana, que entendía que los distintos estatus sociales que ocupamos no son tanto el fruto de diferencias raciales e intelectuales, sino de la fortuna.

Entre las filas de los estoicos figuraron pensadores tan ilustres como el senador Séneca[2] o el emperador Marco Aurelio[3], pero yo he preferido centrar mis reflexiones en una figura menos célebre: Epicteto. Sabemos poco de este misterioso personaje. Nació en Hierápolis de Frigia —en la actual Turquía— alrededor del año 50 d. C. Cuando aún era muy joven fue enviado a Roma como esclavo. Era habitual que los jóvenes de cultura griega[4] fueran empleados por familias poderosas, que en ocasiones les daban una educación y les ponían a desempeñar tareas que requerían de importantes destrezas intelectuales.

El amo de Epicteto resultó ser Epafrodito, un griego libre que se desempeñaba como cortesano del emperador Nerón. Epafrodito pronto se dio cuenta de las dotes mentales de su joven esclavo y le mandó a estudiar filosofía con Musonio Rufo, uno de los grandes pensadores estoicos de la época. Tal fue el éxito de Epicteto que su amo le manumitió, liberándole de la esclavitud y permitiéndole iniciar una carrera como profesor de filosofía. Su vocación le traería problemas, ya que los senadores y filósofos estoicos que campaban por la capital del imperio en aquel momento, se opusieron al estilo autocrático de Nerón y de sus sucesores en el trono, Vespasiano y Domiciano. Este último sometió a los filósofos críticos con el trono a un proceso de persecuciones y enjuiciamientos, que terminó con los decretos que mandataron la expulsión de estos de la ciudad de Roma y del territorio italiano (88-94 d. C.)[5].

---

[2] Lucio Anneo SÉNECA, *La brevedad de la vida* (Barcelona: Herder Editorial, 2024).

[3] MARCO AURELIO, *Meditaciones* (Madrid: Alianza Editorial, 1999).

[4] Entiéndase que hablamos de la Grecia Antigua o la Hélade, cuya territorialidad no se corresponde con la del actual Estado-nación griego, sino con un área más amplia que tenía su epicentro en el Mar Egeo y que incluía la costa occidental de Anatolia y muchas islas.

[5] Mark P. O. MORFORD, *The Roman Philosophers: From the Time of Cato the Censor to the Death of Marcus Aurelius* (Psychology Press, 2002), 189-208.

La víctima más célebre de estas expulsiones fue el propio Epicteto, que ya había adquirido cierta importancia entre los estoicos. Tras exiliarse, fundó una importante escuela en Nicópolis, una ciudad situada en la margen noroccidental de Grecia. Allí divulgó y perfeccionó las doctrinas estoicas hasta su muerte, que acaeció alrededor del año 135 d. C. Uno de los legados más valiosos y claros de aquellos años fue su *Manual*, una transcripción de sus lecciones. Este nos permite entender su sistema de ideas [6].

Como habréis comprobado, Epicteto no tuvo una vida fácil. El desplazamiento, la esclavitud y la expulsión presidieron algunos de los años de su vida. Sus consejos para hacerle frente a la tristeza y al infortunio no fueron meros juegos intelectuales. Este tipo sufrió de verdad y, sin embargo, prosperó, se dedicó al conocimiento y a la enseñanza y se convirtió en uno de los pensadores más connotados del mundo clásico. Aún con todo, entiendo que os mostréis escépticos y que os preguntéis: ¿qué claves puede darnos un esclavo de la antigüedad para prosperar en el mundo endiabladamente complejo del siglo XXI? Acompañadme por los siguientes apartados y os sorprenderéis.

II. ACEPTA LA FORTUNA Y LA NATURALEZA, HASTA CUANDO MATAN

El capítulo 3.º del *Manual* de Epicteto dice así, aunque os aviso de que esto os escandalizará: «Con cada cosa que te atraiga o te reporte utilidad o a la que seas aficionado, acuérdate de decirte siempre de qué clase es, empezando por lo más pequeño. […] si besas a tu hijo o a tu mujer, di que besas a un ser humano y no te perturbarás cuando muera» [7]. Es decir, Epicteto afirma que debemos aceptar la ley natural según la cual los seres humanos somos organismos biológicos que, al final, mueren. Alega que, si no asumimos esa verdad incontestable, viviremos el hecho de la muerte como una tragedia y esto nos hará muy infelices. En otra cita lo deja aún más claro: «Si quieres que tus hijos y tu mujer y amigos vivan para siempre, eres bobo. Pues quieres que dependa de ti lo que no depende de ti y que lo ajeno sea tuyo» [8].

---

[6] EPICTETO, *Manual y Disertaciones por Arriano* (Madrid: Gredos, 2001).
[7] EPICTETO, 5.
[8] EPICTETO, 8.

¿Quiere esto decir que un estoico no debe ponerse triste cuando se muere un familiar? En realidad, no. Solo nos propone una estrategia para minimizar la pena que nos sobrevendrá de manera inevitable. Los estoicos confían en que usemos la razón para domesticar nuestros sentimientos de tal modo que estos se ajusten a las imposiciones de la naturaleza y la fortuna. De acuerdo con la tradición estoica, debiéramos conceptuar la naturaleza como la suma de leyes que regulan el funcionamiento del cosmos y de las entidades biológicas y no biológicas que lo componen. La naturaleza es un orden cuyo sentido podemos comprender por medio de nuestra razón. Cuando hablamos de fortuna, hacemos referencia a aquel conjunto de procesos, de eventos y de fuerzas que no dependen de la voluntad de un individuo; es decir, pertenecen al dominio de la naturaleza o de la voluntad de otros individuos [9].

Repito, no os confundáis, todo lo dicho no significa que no deba asaltarnos el dolor si perdemos a alguien que amamos. Por el contrario, Epicteto nos invita a que, cuando nos sintamos abatidos por su pérdida, usemos la razón para recordar algunos axiomas básicos: que todos los seres humanos fallecen, que somos organismos sujetos al paso infalible del tiempo y a la acción, muchas veces incontrolable, de la enfermedad.

Es posible que las tecnologías médicas y sanitarias de que hoy disponemos puedan atrasar nuestro envejecimiento o curar muchas dolencias. Incluso hay ciertos pensadores transhumanistas que sostienen que algún día la medicina mejorativa y la nanotecnología nos liberarán de las afiladas tijeras de las parcas, procurándonos la inmortalidad [10]. Pero, por ahora, todo esto no son más que quimeras, no muy distintas en sus consecuciones prácticas a los flirteos de los magos oscuros o el de los Lores de los Sith con la vida eterna. La recomendación de Epicteto, por lo tanto, es la siguiente: si tenemos la lucidez de aceptar racionalmente que todas las personas, incluidas las que amamos, están sujetas a la eventualidad de fallecer, podremos asumir su partida con entereza.

---

[9] Sobre el concepto de naturaleza: Barbara M. SATTLER y Ursula COOPE, *Ancient Ethics and the Natural World* (Cambridge University Press, 2023).

[10] Sobre la ideología transhumanista: Luc FERRY, *La revolución transhumanista* (Madrid: Difusora Larousse – Alianza Editorial, 2018).

Nada sería más necio para este filósofo que la práctica que hoy se extiende en algunos hogares japoneses, en los cuales adquieren un robot cuyo rostro proyecta la cara de un abuelo, de una madre o de un hijo que acaba de fallecer[11]. Nada más cercano a la técnica del avestruz, a la pulsión de pretender ocultar la realidad cubriéndonos los ojos con estos nuevos inventos que pretenden paliar el sufrimiento.

No ha de extrañarnos el diagnóstico del Philippe Ariès, un famoso historiador de las mentalidades que nos informa de que nuestra sociedad secularizada y moderna es la que tiene una relación más patológica con la muerte[12]. Si las religiones enseñaban a sociedades como la islámica, la cristiana o la budista a aceptar el deceso de los seres queridos como un hecho natural, el hedonismo de nuestro tiempo nos hace percibirlo como un hito inexplicable, terrible y antinatural. Si antes se privilegiaban el rezo y la aceptación de la muerte, ahora recurrimos más y más a la ciencia farmacológica o robótica para negarla, cronificando así nuestra pena por un hecho que, en realidad, es inevitable.

Nuestra felicidad no puede depender, si asumimos el punto de vista estoico, de la negación de las leyes de la naturaleza o del intento fútil de evitar que nos sucedan accidentes o infortunios que no controlamos plenamente. Para ello, la aceptación es la clave. Así lo consigna nuestro filósofo en el capítulo VIII de su manual: «No pretendas que los sucesos sucedan como quieres, sino quiere los sucesos como suceden y vivirás sereno»[13].

No os precipitéis al juzgar a Epicteto. Con esta frase no quiere decir que nos abandonemos a la suerte y que dejemos de esforzarnos por evitar el sufrimiento y maximizar el placer. Nos está diciendo que analicemos bien las condiciones de la realidad que nos circunda y que entendamos sus dinámicas de funcionamiento, comprendiendo cuáles son las cosas que escapan a nuestro control y no derrumbándonos cuando estas nos son adversas, sino asumiéndolas.

---

[11] TELEMUNDO, «¿Perturbador? Los robots que imitan a los muertos», *Telemundo New York (47)* (blog), 29 de diciembre de 2018, *https://www.telemundo47.com/noticias/video-robot-etsuko-ichihara-imitan-a-familiares-muertos-tecnologia-tokio-japon/1949013*.

[12] Philippe ARIÈS, *Historia de la muerte en Occidente: desde la Edad Media hasta nuestros días* (Barcelona: El Acantilado, 2000).

[13] EPICTETO, *Manual*, 7.

¿Os entra un ataque de rabia porque vuestro auto se ha averiado justo el día en que ibais a recoger a la chica o el chico que os gusta? Racionalizad la situación: los autos se averían a veces sin que el conductor sea responsable. Pasa constantemente. Es incontrolable. La rabia en este escenario no os sirve de nada. Debéis controlar vuestros impulsos, aceptar los hechos y trazar otro curso de acción a partir del estado de cosas existente.

La fría lógica os ayuda a acceder a la verdad de las cosas y la verdad disuelve vuestros sentimientos destructivos y os guía a una solución. No podéis controlar si el auto se rompe, no sirve de nada lamentarse, pero podéis tomar el autobús y explicarle a vuestra futura pareja lo que ha pasado. Tal vez las cosas vayan mejor, tal vez no, solo podéis dar lo máximo de vosotros sin perder la calma. Lo único que controlamos plenamente es nuestro *libre albedrío*, es decir, nuestra voluntad para decidir qué hacer ante las condiciones que nos dicta la realidad circundante.

No podéis controlar si un ser querido muere. Sirve de poco sumirse en una depresión inacabable. Lo que sí controláis es vuestra capacidad, por ejemplo, para honrar su memoria llevando la vida que a esa persona le habría gustado que llevaseis. Lo primero, la muerte de un ser querido, forma parte del dominio de la *fortuna*. Lo segundo, la forma en la cual yo decida honrar a la persona fallecida, forma parte del dominio del *libre albedrío*, es decir, de aquellos eventos y procesos que sí dependen de mi voluntad. Reitero que la clave para ser feliz según Epicteto consiste en saber identificar con claridad lo que no depende de mí y lo que depende de mí. Respecto de lo que no depende de mí, haré bien en tener una actitud de aceptación. Respecto de lo que sí depende de mí, debiera esforzarme por ser lo más excelente, bueno y virtuoso posible. Epicteto deja tal máxima bien establecida al comienzo de su *Manual*:

> Recuerda, por tanto, que si lo que por naturaleza es esclavo lo consideras libre y lo ajeno propio, sufrirás impedimentos, padecerás, te verás perturbado, harás reproches a los dioses y a los hombres, mientras que si consideras que sólo lo tuyo es tuyo y lo ajeno, como es en realidad, ajeno, nunca nadie te obligará, nadie te estorbará, no harás reproches a nadie, no irás con reclamaciones a nadie, no harás ni una sola cosa contra tu voluntad, no tendrás enemigo, nadie te perjudicará ni nada perjudicial te sucederá [14].

---

[14] EPICTETO, 10.

Cuando nombra lo *ajeno* y lo *esclavo*, Epicteto hace referencia a lo que no depende de nuestra voluntad. Cuando menciona lo *tuyo* y lo *libre*, está hablando de aquello que depende de nuestras elecciones. Su teoría es que la mayor fuente de abatimiento, de incertidumbre y de conflicto interno es pretender controlar aquello que, de acuerdo con un análisis racional, no depende de nosotros.

Pongamos algún ejemplo. No podéis determinar por vosotros mismos los *likes* que os deja la gente en Instagram. Lo único que podéis controlar es la calidad de los videos y las fotos que subáis a esta red. Deprimiros porque estos tengan una mala respuesta entre el público sería contrario a la doctrina estoica: si empiezo a preocuparme de todo lo que los otros piensen de mí, si cifro mi felicidad en caerle bien a todo el mundo, mi desdicha está garantizada, ya que es imposible que logre controlar los gustos y las opiniones de tanta gente. Esto no forma parte de mi *libre albedrío*.

Pensemos en otro ejemplo. Si sois vendedores en una compañía, tampoco podéis decidir vosotros la acogida que tendrá el último producto que habéis lanzado al mercado entre los consumidores. No tiene sentido, si aceptáis lo que dice Epicteto, abatiros o tirar la toalla si fracasáis en este frente. Solo aceptadlo e identificar lo que podéis controlar, que son vuestras propias acciones, pero no las opiniones ajenas. Una opinión ajena negativa, al igual que la muerte, no debe generar tribulaciones en mí si lo pienso con racionalidad, ya que depende de factores ajenos a mis méritos y mis acciones. No puedo controlar los hechos naturales y sociales que me afectan, pero sí puedo decidir apostar mi felicidad a cosas que sé que está en mi mano dominar, como mi bondad, la calidad de mi trabajo o mi conocimiento del mundo. Epicteto lo sintetiza en otra cita rotunda:

> Si quieres que tus hijos y tu mujer y tus amigos vivan para siempre, eres bobo. Pues quieres que dependa de ti lo que no depende de ti y que lo ajeno sea tuyo. Así también, si quieres que el esclavo no se equivoque, eres tonto. [...] Pero si quieres no fallar en tus deseos, eso puedes conseguirlo. Ejercítate en eso, en lo que puedes. Es dueño de cada uno el que tiene la potestad sobre lo que él quiere o no quiere para conseguírselo o quitárselo. Así que el que pretenda ser libre que ni quiera ni rehúya nada de lo que depende de otros. Si no, por fuerza será esclavo[15].

---

[15] Epicteto, 6.

III. ¿Y SI NO SIGUES TUS SUEÑOS? LA CRÍTICA ESTOICA AL VOLUNTARISMO MODERNO

Seguro que a varios lectores los preceptos del estoicismo os están resultando extraños y hasta violentos. Eso tiene mucho que ver con el hecho de que hoy vivimos en una sociedad sumamente voluntarista. El voluntarismo, en una de sus acepciones, es un principio filosófico muy extendido en el mundo moderno. Según este, cada individuo puede definir su propio destino de acuerdo con sus deseos personales, imponiéndose a las condiciones biológicas, familiares, geográficas y socioeconómicas que enmarcan su existencia [16]. Su dicha dependería de su capacidad para cumplir esos deseos con independencia de los obstáculos que se le presenten.

Las doctrinas del voluntarismo podrían sintetizarse en la historia de la célebre película de James Cameron, *Titanic* [17]. El film nos presenta a una joven aristocrática cuya familia le impone casarse con un ricachón heteropatriarcal, pero ella se enamora de un humilde emigrante y desea pasar la vida como una profesional de clase media en los Estados Unidos. Al final de la película lo importante es que, a pesar de que su amado murió en el célebre naufragio, Rose, la joven aristocrática, se ha impuesto a todas las barreras que limitaban sus anhelos personales y llega a la vejez como una mujer de clase media que ha hecho su voluntad y que ha cumplido su «sueño americano».

Titanic y su éxito reflejan hasta qué punto el voluntarismo ha triunfado como doctrina de vida en Occidente. La mayoría aspiramos a ser Rose en nuestros propios términos y a desafiar los condicionantes que nuestra familia, clase social o atributos genéticos nos imponen. Todo ello para alcanzar algún horizonte ideal que asociamos con unos objetivos personales que creemos espontáneos. Vivimos en el imperio del «persigue tus sueños» y, en muchas ocasiones, no sopesamos si dichos sueños son racionalmente válidos y posibles de acuerdo con nuestras circunstancias. Epicteto te diría que, al establecer tus metas vitales, debes aplicarte a realizar una reflexión detenida sobre cuáles

---

[16] Richard FLATHMAN, *Willful Liberalism: Voluntarism and Individuality in Political Theory and Practice* (Cornell University Press, 2018).

[17] *Titanic* (20th Century Studios; Paramount Pictures, 1997).

son los pasos a dar para lograrlas y en qué medida que estos lleguen a buen término depende de tu libre albedrío.

¿Puede ser mi sueño convertirme en el mejor jugador de la NBA si mido metro y medio?, ¿debo apostar mi vida entera a ser un cantante o un escritor famoso cuando hay miles de candidatos que luchan por lo mismo en un mercado saturado?, ¿puedo confiar mi dicha en ser Miss Universo si soy un hombre gordo y peludo que mide dos metros y tiene chepa?

Muchos me responderéis que la cirugía estética hoy en día puede lograr, por ejemplo, que alteremos nuestro cuerpo para ser más altos o cambiar nuestro sexo. Pero la cuestión aquí sería detenerse a pensar si, en efecto, con todos los factores puestos en la balanza de mi juicio racional, merece la pena elegir un sueño que, en principio, no se corresponde con mis potencialidades. No os escandalicéis ni me denunciéis, os lo ruego. Todo esto no lo digo yo. Me limito a barruntar lo que los estoicos dirían de estos menesteres. Recomiendo el visionado de un capítulo de South Park llamado *Mr. Garrison's Fancy New Vagina*, en el cual sus creadores discurren brillantemente sobre estos dilemas [18]. La respuesta de un estoico a las preguntas del párrafo anterior sería clara: «puedes tener el sueño que desees, pero si eliges uno que no puedas cumplir de acuerdo con tus cualidades y circunstancias y cifras tu existencia en alcanzarlo, te convertirás tontamente en una persona desgraciada».

Usaré otra película para disertar sobre la crítica de los estoicos al voluntarismo. Debo suponer que la mayoría conocéis la preciosa superproducción de Pixar y Disney conocida como *Ratatouille* [19]. Si no es así, dejad la lectura y vedla. En ella, una rata francesa humanizada, el simpático Remy, descubre que su vocación es la de practicar la alta cocina. Después de una divertidísima sucesión de aventuras, tiene que renunciar a su sueño de convertirse en el chef de un restaurante famoso, debido a que los servicios sanitarios y los comensales franceses no permiten que un roedor se haga cargo de un establecimiento

---

[18] «Mr. Garrison's Fancy New Vagina», *South Park* (Comedy Central, 2005). Cuidado, este capítulo satiriza el cambio de sexo, pero no lo critica como tal. En realidad, hace referencia a los deseos banales de cambio de algunos personajes humanos que quieren convertirse en delfín y en otros imposibles por medio de la cirugía.

[19] *Ratatouille* (Walt Disney Pictures; Pixar Animation Studios, 2007), https://es.wikipedia.org/w/index.php?title=Ratatouille_(pel%C3%ADcula)&oldid=160171819.

gastronómico de lujo en el centro de París. Ahora bien, Remy logra al menos cocinar en un pequeño restaurante donde pasa desapercibido, gracias a la ayuda de sus amigos humanos, Lingüini y Emile.

Tal vez penséis que Epicteto habría aprobado esta trama: Remy se adapta a la imposibilidad de alcanzar su meta y busca una solución intermedia de acuerdo con sus posibilidades y aceptando la realidad tal cual le es dada. Es muy posible que si el filósofo griego pudiese visionar el film desde el inframundo reaccionase exactamente así. Pero también es plausible que se hubiera mofado de esta ficción, partiendo de una constatación muy básica: la rata que sale en la película es una fantasía humanizada, pero las ratas de verdad no pueden cocinar como lo hace una persona, porque son eso, ratas, cuya naturaleza las impele a llevar una vida de rata. En definitiva, es una maldita rata y no puede cocinar. Será feliz si lleva una vida de roedor.

Trasladando el asunto a un terreno estrictamente humano, la moraleja sería esta: si tus cualidades naturales y tus recursos te hacen inválido para un sueño, perseguirlo solo te reportará infelicidad, pues es una elección derivada de un diagnóstico poco racional de ti mismo y de tus potencialidades.

Otro ejemplo: mi amigo Agustín es un chico especialmente dotado para las actividades manuales y que, además, siempre ha sentido un interés espontáneo por las motos. Nunca le gustó la vida de estudio y le costaba mucho concentrarse. Sin embargo, sus padres siempre soñaron con que se graduase en la universidad y él mismo, asediado por los arquetipos de éxito actuales, terminó asumiendo ese horizonte como propio. Al final cursó estudios universitarios. Ni él ni sus padres usaron su razón para entender la verdad: que Agustín era, por sus cualidades inherentes, un joven muy dotado para convertirse en un mecánico de taller extraordinario, pero un pésimo candidato a ser físico o abogado. Su verdadero éxito, su verdadera felicidad, no era cumplir un «sueño» que casi nunca es espontáneo, sino que deriva de la cultura, la propaganda y los esquemas valóricos prefabricados con que nos bombardean hoy en día.

El verdadero éxito de Agustín, su verdadera felicidad, de acuerdo con Epicteto, habría residido en un diagnóstico franco de sus inclinaciones innatas y de sus limitaciones —todos las tenemos— y en el diseño de una vida acorde con estas. Al final, como desconocían las sabias lecciones del estoicismo, él y sus padres decidieron que estudiase a toda costa en la Universidad. Hoy tenemos a un abogado mediocre y descontextualizado, al que no le gusta su trabajo y que por tanto aborrece la mitad de su existencia. Podríamos haber tenido a un excelente mecánico, que habría gozado de cada hora de sus días.

Por consiguiente, los estoicos niegan que el éxito consista en perseguir nuestros sueños por encima de cualquier consideración racional. Alegan que la realización personal radica en definir objetivos que nos permitan desarrollarnos de acuerdo con nuestra naturaleza personal y que atiendan a los constreñimientos y peligros de nuestro contexto. La buena vida del estoico no se asemeja a un *reality show* barato ni una serie infantil para vender juguetes, no consiste en ser el mejor cantante, el mejor cocinero, el mejor entrenador Pokémon, el Hokage, el elegido de la fuerza, el narco más famoso, la celebrity más feminista o ninguno de esos delirios maximalistas. Estos casi siempre son imposibles sin suerte y sin un entorno favorable muy concreto.

La vida del estoico consiste en hacer las cosas lo mejor que se pueda a partir de lo que verdaderamente somos. En la vida profesional esta teoría cobra un enorme valor. ¿Debo planificar mi carrera de acuerdo con deseos desmesurados y mitos?, ¿es sano que cada cosa que hago en el trabajo tenga por meta convertirme en un multimillonario a lo Bill Gates o Elon Musk, en un *self-made man*? Aquí va un secreto: como lo ha explicado Michael Sandel, el mito capitalista de los genios que nacen en la pobreza y alcanzan la cima empresarial solo con su talento no refleja la realidad de las cosas [20]. Casi todos los multimillonarios nacieron en sectores acomodados que les proporcionaron una educación de elite. Los «genios» son el resultado de determinadas condiciones socioeconómicas.

Claro, alguien podría alegar, por ejemplo, que Elon Musk ha logrado convertirse en un gran empresario a pesar de padecer síndrome de Asperger, de modo que trascendió sus limitaciones naturales. Ese alguien podría argumentar que, si Musk hubiera aplicado el ideal estoico, se habría rendido ante su enfermedad y jamás habría llegado a ser el magnate que conocemos hoy. Esta observación adolecería de dos problemas. En primer lugar, Epicteto no le habría recomendado a Musk someterse mansamente a los síntomas de su patología. Tratar el asperger y desarrollar una serie de hábitos que permitan aplacar sus

---

[20] Michael J. Sandel, *La tiranía del mérito: ¿Qué ha sido del bien común?* (Penguin Random House, 2020).

efectos es algo que, de hecho, depende de nuestro libre albedrío y no de factores externos. Rendirse en este caso devendría de un mal diagnóstico, de un mal uso de la razón. Sería contrario al estoicismo.

En segundo lugar, Epicteto nos sugeriría que el éxito de Musk no se debe solo a su voluntad o su genio, sino a factores relacionados con la suerte. Nos recordaría que el director general de Tesla nació en una familia acomodada y blanca de Sudáfrica que le proveyó de una buena educación y de recursos para que pudiera llegar a ser quien es. Si Musk, con sus mismas potencialidades mentales y morales, hubiera nacido en el seno de una familia negra de los barrios pobres de Pretoria, es legítimo dudar que hubiera conseguido recibir tratamiento para su problema, ingresar en universidades tan excelentes y tan caras como las que le formaron y fundar negocios multimillonarios. Los estoicos nos piden que atendamos a la verdad de las cosas. Nos dicen que en lo referente a nuestros proyectos vitales es importante tener en cuenta el contexto en el cual se desenvolverán —empezando por el lugar de nacimiento o las cualidades innatas—, aceptando que mucho de lo que somos y de lo que podemos ser depende parcialmente de la fortuna.

Todo esto no quiere decir que las personas no puedan alcanzar objetivos que parecían imposibles con esfuerzo, pero sí quiere decir que el esfuerzo nunca es suficiente por sí mismo: hace falta que existan las condiciones contextuales —un entorno socioeconómico favorable, capacidades inscritas en mis disposiciones biológicas naturales, un poco de suerte, una buena educación, etc.— para que rinda sus frutos.

¿Es inteligente, por consiguiente, plantear nuestra carrera a partir de maximalismos tan ambiciosos?, ¿es sabio cifrar mi felicidad en ser millonario, en ser famoso, en ser el mejor en algo? Podría salir bien, pero en la mayoría de las ocasiones saldrá mal porque todas estas metas dependen de un sinfín de factores contextuales que escapan de nuestro control. Por consiguiente, asociar nuestra vida al cumplimiento de estos sueños tan elevados nos conducirá a la frustración crónica, la ira y la desesperación. ¿Cuál es el consejo de los estoicos en este ámbito? Planifica tu carrera sobre la base de objetivos modestos y realizables de acuerdo con tus cualidades. No te empeñes en ser lo que no eres: si eres desorganizado y un mal administrador no busques puestos de gestión; si eres tímido o un pésimo comunicador no aspires al liderazgo. Conócete a ti mismo y despliega tus capacidades en el día a día, cumpliendo tu rol en la organización lo mejor que puedas, sin estridencias.

Es posible que así, si la fortuna te acompaña, llegues a ser un Elon Musk, pero si no llegas a serlo no te sentirás desgraciado, pues tu objetivo en la vida no era este, sino desarrollar la mejor versión de ti mismo de acuerdo con tu naturaleza y tu contexto. El mundo para Epicteto es un gran teatro en el cada uno cumplimos nuestro papel. La felicidad no reside en interpretar al protagonista, sino en representar con excelencia el papel que a uno le ha tocado en esta tragicomedia inescrutable y apasionante que es nuestra existencia en común. De nuevo, Epicteto lo expresa en su *Manual*:

> Recuerda que eres actor de un drama, con el papel que quiera el director [la fortuna o el destino]: si quiere uno corto, corto; si uno largo, largo; si quiere que representes a un pobre, represéntalo con nobleza: como a un cojo, un gobernante, un particular. Eso es lo tuyo: representar bien el papel que te han dado; pero elegirlo es cosa de otro[21].

IV. PAUSA CONTEMPLATIVA. DOS MATICES

¿Os está convenciendo la filosofía de los estoicos?, ¿os veis poniéndola en práctica? Si nos detenemos a pensarlo, el camino que nos proponen Epicteto y sus compañeros de corriente no es tan estrafalario. Nos piden que tratemos de entender las leyes que rigen al mundo por el cual nos movemos y a nosotros mismos a partir de un escrutinio racional y detenido. Nos sugieren que a partir de ese examen racionalista de la realidad aprenderemos a discernir lo que depende de nuestra voluntad de aquello que depende de otros factores que escapan a nuestro control. Nos invitan a no hacer de estos últimos el fundamento de nuestro proyecto vital, a aceptar las cosas que no podemos cambiar como nos vienen dadas y a ser lo más buenos, excelentes y virtuosos posible en lo que sí depende de nosotros, sin esperar más premio que la calma de haber obrado honesta y benignamente. ¿Hay algo de malo en todo esto? Claro, muchos habréis deducido de lo expuesto que el estoicismo es una filosofía particularmente derrotista, que nos invita a resignarnos a las imposiciones de nuestra suerte y de nuestro

---

[21] EPICTETO, *Manual*, 11.

punto de partida biológico y socioeconómico. Quisiera hacerle dos matices a este planteamiento.

En primer lugar, no es así. Los estoicos no nos piden que nos resignemos a todo, sino que después de analizar detenidamente nuestras capacidades físicas y psicológicas y el ecosistema —natural y social— que las rodea, seamos capaces de discernir lo que podemos mejorar y cambiar y lo que no podemos alterar. Más que derrotista, es realista, y asume que lo peor que le puede pasar a un ser humano es vivir en la irrealidad. Epicteto no podría imaginar a un ser más desgraciado que esos jóvenes que ahora afirman que es psicológicamente beneficioso exhibir una imagen falsamente feliz y exitosa de uno mismo en las redes sociales. Asumen que mentir a través de estas representaciones inauténticas de sí puede generar un efecto rebote que les provoque bienestar emocional[22]. Pues bien, para un estoico, esta mentira sería incompatible con nuestra racionalidad inherente: por más que nos impostemos y nos falseemos, en el fondo sabemos que esos no somos nosotros.

Esa disociación entre la realidad y la identidad virtual es el fruto de terribles inseguridades y angustias y solo logrará que se perpetúen. Solo conocer la verdad de lo que somos y vivir de acuerdo con esa verdad, sin depender de las máscaras o de la aprobación masiva, nos conducirá al éxito entendido en términos estoicos. Si eres una persona dulce y amable, pero a la que no le gusta demasiado invertir horas de más en la oficina o no le gusta viajar o probar experiencias nuevas cada fin de semana, ¿por qué engañarte a ti mismo?, ¿por qué fingir para responder a las modas y a las expectativas ajenas?, ¿por qué no acep-

---

[22] Laura Aso Miranda, «El triunfo de la apariencia sobre el ser: la construcción de la identidad mediante el consumo continuo de experiencias y su exhibición en redes sociales» (*http://purl.org/dc/dcmitype/Text*, Universitat de Barcelona, 2021), *https://dialnet.unirioja.es/servlet/tesis?codigo=301053*.cultura y sociedad establecido por autores clásicos como Weber, Simmel y la Escuela de Frankfurt. Tiende un puente entre la sociedad del consumo conspicuo de bienes materiales descrita por Veblen, donde regía una lógica de notoriedad posteriormente apoyada en el símbolo tangible de la marca, y la sociedad del postfordismo basada en la eficiencia *just in time*, en la que el individuo debe construirse a sí mismo ante la falta de referentes tradicionales como la familia y la religión. Debido a que los valores postmaterialistas que guían su conducta son frágiles, encuentra en el consumo una herramienta para forjar su identidad, siguiendo una lógica de autoafirmación. Concretamente, la halla en el consumo continuo de experiencias (término acuñado a raíz del protagonismo de las experiencias en la economía de servicios

tar quién eres y mostrarte así? Tendrás la certeza de estar colmando tu propia voluntad y de que aquellos que te aprecien, te aprecien genuinamente a ti. La amistad, que también es esencial para los estoicos, solo puede darse a partir de la sinceridad. Si pretendemos gustar de acuerdo con una apariencia que no se corresponde con nuestro verdadero ser, nuestras interacciones sociales se convertirán en un fingimiento constante y agotador, que al final provocará que aborrezcamos relacionarnos con los demás.

Con el segundo matiz de este apartado deseo recordaros la naturaleza de este libro. No explico aquí lo que dicta Epicteto porque esté de acuerdo con él en todo, ni para que os convirtáis al estoicismo. Los problemas asociados al ideal que estamos describiendo saltan a la vista. Si nos lo tomamos de manera demasiado literal podríamos terminar por aceptar con una sonrisa en la boca que nos traten mal, o que nos corten un brazo o que asesinen a alguien al que apreciamos. Pero esto no es culpa de Epicteto, sino de una apropiación simplona de lo que dice. Casi todos los sistemas filosóficos han sido malinterpretados en algún momento de la historia, dando lugar a individuos o movimientos puritanos que los llevan al paroxismo, es decir, al extremo exacerbado. Repito, los estoicos no nos piden que aceptemos alegremente todas las cosas malas que nos suceden, sino que las comprendamos racionalmente, determinando si dependen o no de nosotros.

V.   CUIDADO CON LAS EMOCIONES. LAS BASES DEL RACIONALISMO ESTOICO

Casi seguro que a estas alturas algunos habéis detectado ya uno de los axiomas más difíciles de asimilar del estoicismo para nuestra cultura de hoy. Epicteto y sus colegas son racionalistas. Esto es, están convencidos de que todos compartimos unas mismas atribuciones mentales que nos permiten comprender el mundo a partir de entramados lógicos que nos conducen a la verdad universal de las cosas. Por si fuera poco, piensan, de nuevo igual que Aristóteles, que nuestra razón puede moldear nuestros sentimientos, aminorándolos, anulándolos, transformándolos o encauzándolos de acuerdo con sus conclusiones respecto de aquello que debemos y no debemos hacer.

Pongámonos en situación. Siento un deseo amoroso súbito por la directora de mi empresa, pero sé que una relación con ella es casi imposible: pertenecemos a estratos socioeconómicos muy distintos, ya tiene una pareja y sé que tenemos metas incompatibles en el largo plazo. Un estoico creería que, si me detengo y reflexiono, mi razón puede lograr que ese sentimiento de atracción desaparezca, ahorrándome enormes sufrimientos ulteriores. Fijaros qué diferencia con el romanticismo voluntarista que prima en la cultura individualista que rige nuestras vidas. Estamos acostumbrados a que novelas, películas y charlas de todo tipo nos digan lo contrario: que cuando uno se enamora no importa ningún factor contextual y que la razón no tiene nada que hacer frente a sentimientos tan poderosos como ese.

Hay un sinfín de productos culturales que, reproduciendo el mito romántico del estilo *Romeo y Julieta* —obra teatral que fue uno de los muchos gérmenes de un individualismo incipiente—, nos invitan a que nos entreguemos a nuestras emociones egoístas, derribando cualquier barrera racional o social que se interponga. Aladdín y Yasmín, los vampiros y humanas de *Crespúsculo*, los jóvenes del *Diario de Noah* o los cursis duendes azulados de la *Avatar*[23] de James Cameron… todos reproducen este esquema. Los estoicos nos previenen contra este culto irracional a las emociones. Para ellos, la entrega a los sentimientos y deseos irreflexivos nos convierte en corderitos frágiles y manipulables. No está de más tomar nota de esta lección en estos tiempos.

Como han expuesto con lucidez autores como Lluís Soler[24], Edgar Cabanas y Eva Illouz[25], los discursos hegemónicos con los cuales nos interpelan los medios de comunicación, la publicidad y la política populista son *emotivistas*. Es decir, dichos discursos nos dicen que para ser felices debemos darles rienda suelta a nuestras emociones, sea cual sea su orientación. También nos tratan de convencer de que estas son enteramente subjetivas y de que, por consiguiente, no debemos dar explicaciones de ellas ante nadie: si me siento víctima de una agresión mi emoción debe respetarse, con independencia de si se basa en una verdad contrastable empíricamente por la razón. De ello se colige

---

[23] No confundir con las series de animación *Avatar: La Leyenda de Aang y Avatar: La Leyenda de Korra*, que, por el contrario, son una representación portentosa y compleja de las emociones humanas.

[24] Lluís Soler, *El arte de emocionarse: la servidumbre de los sentimientos en la época de lo cool* (Madrid: Alfabeto, 2019).

[25] Edgar Cabanas y Eva Illouz, *Happycracia: cómo la ciencia y la industria de la felicidad controlan nuestras vidas* (Madrid: Paidós, 2019).

que nuestra moderna cultura de las emociones tiende a despreciar el imperio que pueden ejercer la lógica y la racionalidad sobre nuestros deseos y afectos.

Como denuncia el politólogo Fernando Vallespín en un libro sobre la polarización y el populismo, nuestra confianza en la posibilidad de llegar a consensos intersubjetivos en torno a lo que es verdadero o falso se ha desplomado[26]. Lo que cuenta es lo que cada uno «sienta» que es cierto y bueno. Según Vallespín, nuestra vida social se desenvuelve cada vez más en *cámaras de eco* en las cuales una serie de mensajes simplistas refuerzan nuestras creencias prejuiciosas sobre el mundo, protegiéndonos de informaciones que podrían «herir» nuestra sensibilidad o causarnos enojo. Internet exacerba esta lógica: en lugar de conducirme a una visión poliédrica de las complejidades que esconde la verdad, sus algoritmos tienden a pastorearnos a contenidos que refuerzan nuestros gustos y orientaciones preexistentes. Su objetivo es complacer al usuario y para ello privilegian los mensajes simplificadores, que nos proporcionan dosis medidas de regocijo, de ira o de temor, según convenga.

Si el algoritmo detecta mi gusto por contenidos de extrema derecha, los videos e informaciones que recibiré me remitirán al peligro de la inmigración, las glorias pasadas de la nación o la disolución de la moral tradicional. Si, por el contrario, me identifican como un usuario propenso a los discursos de izquierdas, me ofrecerán una retahíla de contenidos que hagan hincapié en las inequidades del capitalismo, la violencia de los neofascistas o la importancia de respetar las identidades divergentes. Se va generando un ecosistema informativo más orientado a que los usuarios consuman bulímicamente mensajes emotivos que a entregar una imagen más o menos fidedigna de la realidad. Es la posverdad de la que tanto se habla[27]. Imaginad lo que pensaría Epicteto, que cree que el discernimiento racional es la clave de la felicidad, si viese como habitamos cada vez más en mundos ficticios, que nos impiden discernir lo que depende y lo que no depende de nosotros, lo que es cierto e incierto. Tal océano de espejismos nos impide

---

[26] Fernando VALLESPÍN, *La sociedad de la intolerancia* (Barcelona: Galaxia Gutenberg, 2021).

[27] Javier LOMELÍ PONCE, «Posverdad y psicopolítica», *Análisis: revista colombiana de humanidades*, núm. 95 (2019): 347-64.

elaborar un proyecto de vida y relacionarnos con los otros según patrones lógicos y consensos en torno a lo que es verdadero.

El fenómeno de la posverdad comporta múltiples problemas. Pero hay uno particularmente palpable para el tema que aquí nos ocupa: aquellos que se creen a pies juntillas el cuento de que seguir sus deseos y sentimientos irreflexivos es la clave de su dicha, son carne de cañón para la manipulación conductual. Tenderán a comprar y votar aquello que los discursos emotivos con que les bombardean desean que consuman y elijan. De ahí que tanto la publicidad comercial como la propaganda política de nuestro tiempo no traten de convencernos de que adquiramos un producto o votemos a un candidato sobre la base de su utilidad real o de nuestros intereses factuales[28]. Más bien, juegan a estimular nuestros impulsos irracionales, convenciéndonos de sus posturas a través de emociones tan primarias como el odio, el deseo sexual, el resentimiento, la sed de adrenalina, etc.

¿No me creéis? Haced la prueba. Poned en marcha vuestro televisor o vuestra cuenta de Youtube y prestadle mucha atención a los anuncios que os intentan seducir para que adquiráis un producto o respaldéis a un candidato electoral. Lo primero que constataréis es que dichos anuncios tienen por necesidad una duración muy reducida. De ahí que no tengan tiempo para describir el sinnúmero de atributos del bien de consumo o del proyecto político que quieren venderme. Imaginad un anuncio publicitario que debiera describirnos todos los atributos, por ejemplo, de una tableta de última generación, discurriendo sobre la calidad de sus fotografías, su velocidad de descarga, su capacidad de almacenamiento o la resistencia de sus materiales. Suponed que además debiera entrar en consideraciones éticas y tratar de demostrarnos que para obtener los minerales y plásticos que la componen y ensamblarlos no se ha explotado a ningún trabajador ni se ha dañado el medioambiente —cosas, por otro lado, muy improbables—. Convendremos en que ese anuncio duraría al menos una hora y no llamaría nuestra atención.

---

[28] Como nos cuenta en su Phillip Taylor en su historia de la propaganda, la manipulación política de las masas y la propaganda comercial comenzaron a converger a partir de la primera guerra mundial, de la mano de una naciente psicología manipulativa encabezada por personajes como Edward Bernays, sobrino político de Freud y escritor de un interesantísimo manual sobre el tema: Philip M. TAYLOR, *Munitions of the Mind: A History of Propaganda* (Manchester University Press, 2003).

¿Qué hacen los publicistas al respecto? Deciden dejar de lado el ámbito de la argumentación racional para interpelar de forma directa a nuestras emociones primarias. Y es por eso por lo que los anuncios televisivos de aparatos electrónicos nos suelen ofrecer imágenes simples: un padre y una hija utilizan juntos la Tablet para hacerse fotos y editarlas con corazones y bigotes de gato. Nuestras neuronas espejo actúan de inmediato y relacionamos esa agradable escena familiar con experiencias similares que hemos vivido.

¿El resultado? Sentimos alegría y vinculamos de forma automática tal emoción con la imagen de la tableta. Sus prestaciones, la necesidad real que tenemos de las mismas o el contexto ético de su producción nos serán indiferentes de entrada: si adquiero esa tableta estaré alegre. No he mencionado que ese padre y esa hija que aparecen en el anuncio no son cualquier padre y cualquier hija. Están bien vestidos, se sientan en un sofá cómodo y se encuentran en una casa visiblemente grande. Si participamos de los imaginarios de clase propios del Occidente de nuestro tiempo, percibiremos pronto que estamos ante una familia de clase media o alta y asociaremos, de nuevo sin reflexionar demasiado, la posesión de la Tablet al estatus socioeconómico. Nuestra emoción de orgullo —la necesidad de que mi estatus sea reconocido por mis semejantes— se activará y desearemos la Tablet no por sus prestaciones, sino para colmar nuestra ansia de ser tenidos por gentes exitosas. Este discurso emotivista nos vende un aparato electrónico asociándolo con la alegría y orgullo.

Este mismo esquema es aplicable a la mayoría de los millones de anuncios pergeñados durante el último siglo por el márquetin profesional. Debes desear este reloj porque te hará tan feliz y sexy como a George Clooney, Timothée Chalamet o Antonio Banderas; debes adquirir este auto porque te sentirás libre mientras lo pilotas; debes ambicionar la ropa de esta marca porque granjeará la admiración y la envidia de tus compañeros y compañeras de trabajo; debes hacerte con este juguete porque te dará un chute de adrenalina utilizarlo; debes conseguir este desodorante porque conseguirás rápidos éxitos amorosos; debes probar esta hamburguesa porque es vegana y cada bocado te hará sentir bueno y responsable.

No es casual que uno de los padres de la propaganda moderna fuese Edward Bernays, un sobrino político del fundador del psicoanálisis, Sigmund Freud. Bernays utilizó muy bien las conclusiones de la obra de Freud, que defendían que los comportamientos humanos no se rigen principalmente por nuestros pensamientos conscientes. El psicoanalista austriaco sabía que, junto a estos, anidaban nuestras pulsiones irracionales inconscientes y que estas determinaban nuestras elecciones en un grado mucho mayor de lo que sospechamos. Partiendo de este principio, Bernays elaboró una teoría de la propaganda como el arte de la manipulación conductual del subconsciente por medio de la apelación a las emociones del comprador. Merece la pena consultar el libro en el cual delineó los mecanismos psicosociales que debían regir esta praxis, que vio la luz en una fecha tan temprana como 1927 [29].

El publicista, que pasó su vida adulta en los Estados Unidos, logró rotundos éxitos a partir de esta receta. Por ejemplo, consiguió enriquecer a las tabacaleras gracias a una campaña en la cual se invitaba a las mujeres a fumar cigarrillos. Para ello no se apelaba al placer de inhalar el humo de un cigarro, sino al hecho de que el acto de fumar era un ejercicio de emancipación femenina. Muchas sufragistas cayeron en la trampa emocional y asociaron, sin ningún fundamento lógico, el consumo de tabaco con la emancipación de la mujer [30].

Los estoicos nos prevendrían contra el influjo que estos discursos sentimentales pueden ejercer sobre nuestra voluntad, particularmente si deseamos encontrar la plenitud o la felicidad. Su parecer no distaba de la sentencia con que el pintor Francisco Goya y Lucientes acompañó una de sus famosas «pinturas negras»: «el sueño de la razón produce monstruos» [31]. Es decir, cuando nuestra capacidad de raciocinio queda marginada por nuestros impulsos emocionales primarios, nuestra libertad y nuestros intereses reales quedan soterrados. Si atendemos a las enseñanzas del estoicismo, el ser humano entregado a sus emociones y deseos egoístas sería dependiente, errático y desgraciado por definición. Pasar el día devorando donuts, comprando ropa en Amazon o autocomplaciéndose ante la pantalla no permite alcanzar una visión comprensiva de la realidad, ni definir mis propias metas a partir de ese saber. El sujeto emotivista viviría en una perenne

---

[29] Edward BERNAYS, *Propaganda: La Mente Pública en Construcción* (Stanford Inversiones Spa, 2024 [1927]).

[30] Sander L. GILMAN y Xun ZHOU, *Smoke: A Global History of Smoking* (Reaktion Books, 2004), 340.

[31] Francisco DE GOYA Y LUCIENTES, *El sueño de la razón produce monstruos*, 1799, Grabado, 1799, The Nelson-Atkins Museum of Art.

frustración, que le llevaría a buscar nuevas emociones inmediatas. El ser humano racional sería, por el contrario, independiente, decidido y feliz, puesto que sabría comprender la verdad y actuar de acuerdo con la misma.

VI. DOS CUENTOS ESTOICOS: EL ZORRO, EL SABUESO Y LA PRINCESA LOBO

Los estoicos nos muestran, de este modo, un camino alternativo al del emotivismo subjetivista que hoy prevalece. Nos recomiendan un racionalismo universalista que nos ayude a definir nuestras metas y relaciones con libertad de acuerdo con la verdad de las cosas, aunque esta no siempre sea de color de rosa. Ya que estamos tirando mucho de ejemplos fílmicos, voy a mencionar dos películas que creo que le gustarían a Epicteto y que desafían el paradigma del voluntarismo emocional.

Primero, otra de Disney: el maravilloso clásico *Tod y Toby —El Zorro y el Sabueso* en Latinoamérica— [32]. La película, inspirada en la novela homónima de Daniel Mannix [33], nos narra la historia de Tod, un zorrito salvaje que un día, tras sobrevivir a una cacería que se lleva la vida de su madre, es depositado por los animales del bosque en el porche de la señora Tweed, una entrañable viuda necesitada de afecto. Esta decide cuidar de Tod, con el que entabla una relación maternofilial que les colma a ambos de felicidad. En sus primeros días de exploración en el jardín Tod conoce al otro protagonista: Toby, un pequeño sabueso de su misma edad con el que comienza a jugar incansablemente. Los dos forjan una amistad muy profunda, pero pronto surgen los problemas.

El dueño de Toby, un rudimentario cazador llamado Amos Slade, descubre que ambos animales se hacen compañía. Temeroso de que esto atrofie el instinto de su perro para la caza, Amos le pone una correa para que no pueda ver al zorro. Luego se lleva a Toby a las montañas, donde le entrena como perro cazador. Pasa el invierno y Tod y Toby se han convertido en adultos. Uno es un zorro que, como le corresponde naturalmente a un zorro, disfruta correteando libremente

---

[32] Daniel Pratt MANNIX, *The Fox and the Hound* (London: Longmans, 1968).
[33] MANNIX.

por los cercados y las praderas, robando la comida que puede. El otro es ya todo un sabueso, que siente un profundo afecto por su dueño y que vive para cazar. Su reencuentro es trágico. Ambos se percatan de que la niñez de juegos no volverá y de que son enemigos naturales. Tras una serie de eventos, ambos se ven enfrentados en el bosque, pero al final, renuncian a destruirse mutuamente, inspirados por el amor profundo que se profesan. Sin embargo, la película no termina con Tod y Toby volviendo a sus juegos en la granja.

Su razón les permite entender la verdad de las cosas y concluir que esto no es posible: Tod es un zorro salvaje cuya felicidad natural radica en una vida de libertad en los bosques; Toby es un sabueso domesticado, cuya felicidad radica en continuar acompañando a su dueño y practicar la caza. Ahora bien, ninguno de los dos renuncia a sus sentimientos de afecto por el otro y, aunque sus destinos se separen, siguen reconfortándose en el recuerdo de sus correrías infantiles y pensando en el otro. Es así de duro. Es así de hermoso. Disney en su versión más compleja, sublime y honda. La conclusión es perfectamente estoica: nuestros sentimientos son poderosos e importantes, pero somos libres de superponerlos a la realidad solo hasta cierto punto. A veces nuestra naturaleza y nuestro contexto se contraponen a que colmemos nuestras pasiones y solo la razón puede ayudarnos a encontrar soluciones que nos salven de la autodestrucción y que nos permitan vivir de acuerdo con lo que realmente somos.

Para los que no sean fans de Disney, hay otra película incluso más compleja que presumo que a Epicteto también le encantaría. Me refiero a otra obra maestra: *La Princesa Mononoke*, de Hayao Miyazaki[34]. Ahorrándome los detalles de su fascinante trama, diré que el film es el típico ejemplo de tragedia antigónica, es decir, de una historia que presenta el conflicto irresoluble entre dos bandos que tienen razones igualmente válidas para defender su causa.

A un lado, está el bosque. No es un bosque cualquiera, sino un ecosistema que refleja el imaginario de la religión sintoísta, ya que la cinta se ambienta en el Japón «medieval». En su libro sobre el sintoísmo, la estudiosa Helen Hardacre nos explica que este sistema de creencias entiende que las entidades naturales, particularmente ani-

---

[34] *La princesa Mononoke* (Studio Ghibli, 1997).

males y plantas, están en ocasiones imbuidas de espíritus: los kami[35]. Estos no están humanizados, como suele suceder con los animales y plantas de Disney, sino que responden a sus propias lógicas, las cuales tienen que ver con el dominio de sus entornos y el mantenimiento del orden cósmico. Cuando algún accidente, normalmente alguna actividad humana, provoca desequilibrios en dicho orden, los kamis pueden convertirse en demonios destructores: los tatarigami.

La película, que refleja el ecologismo tradicionalista de Miyazaki, pronto nos informa de que los kamis de un hermoso bosque se están convirtiendo en tatarigamis y destruyéndolo todo a su paso. Particularmente vemos cómo la tribu de los jabalíes gigantes, liderada por el dios Okkoto, se está entregando a una espiral de violencia. La razón no tiene misterio: los kamis están furibundos porque los humanos están continuamente invadiendo su hábitat para procurarse madera y alimentos que les permiten sostener sus guerras intestinas. En el bando del bosque encontramos a la princesa Mononoke, una joven humana que fue criada por la diosa loba Moro. Mononoke, que además es una diestra guerrera, se une a los kamis y desea destruir a los humanos.

Por otro lado, tenemos al bando de la ciudad del hierro. Es una aldea fortificada que se encuentra en los márgenes del bosque. Se dedica a fabricar armas para los samuráis que guerrean por todo el país. Sus habitantes son por lo general gente honrada y buena, que necesita de la venta de armas para procurarse un sustento y para vivir seguros en un mundo plagado de guerras. Por esa razón se ven obligados a talar el bosque y destruir sus lindes constantemente. Los lidera una mujer de prodigiosas dotes marciales e intelectuales: Lady Eboshi. Esta está dispuesta a destruir a los dioses que protegen el bosque con tal de que los aldeanos puedan llevar una existencia digna. El conflicto está servido y parece inevitable. En eso llega Ashitaka, el príncipe de una región lejana que ejerce el rol de protagonista. Fue atacado por Nago, un dios jabalí transformado en tatarigami que le ha infectado con una poderosa maldición. Para lograr curarse, Ashitaka necesita que la ciudad y el bosque hagan las paces y que así la violencia que fue el origen de su maldición se desvanezca.

---

[35] Helen Hardacre, *Shinto: A History* (New York: Oxford University Press, 2017).

Tras una entretenida serie de aventuras, vemos cómo los dos bandos deciden cesar su guerra. Lady Eboshi se compromete a ser más respetuosa con el bosque y Mononoke deja de aspirar a la aniquilación de la ciudad. Además, deducimos que ha surgido una suerte de sentimiento amoroso entre Ashitaka y Mononoke. Si la película militase con el voluntarismo emotivista típico del Occidente actual, probablemente este romance fronterizo acabaría como la *Pocahontas*[36] de Disney o la bobalicona *Avatar*[37] de Cameron: los protagonistas impondrían su amor romántico a las barreras que les separan y transformarían el mundo en un paraíso multicolor gracias a la sola fuerza de su deseo. El romance habría triunfado. El individuo habría hecho del cosmos su juguete.

Pero *La Princesa Mononoke* es mucho más estoica en su desenlace —y probablemente mucho más compleja y poética gracias a eso—. Ashitaka y la princesa lobo no terminan juntos, no consuman su amor, porque el mundo y la comprensión racional que alcanzan del mismo se lo impide: el primero es un humano que se debe a la prosperidad de la ciudad y de los aldeanos; la segunda es una kami adoptada que se debe al bienestar del bosque[38]. Podrían haber sobrepuesto su deseo amoroso a todo lo demás y haberse fugado juntos. Pero cada cual razona cuál es su papel en la historia y qué decisiones son susceptibles de generar el mayor bien posible para las comunidades a las cuales pertenecen y, por extensión, para ellos mismos. Por eso, de acuerdo con la razón, al autoconocimiento y a la verdad, deciden no consumar su relación. Como Tod y Toby, se quieren en la distancia y hasta se ven de vez en cuando, pero aceptando sus destinos bifurcados. Esto se hace extensivo al conflicto ecológico entre el mundo natural y el mundo humano.

Su guerra no se resuelve por arte de magia, no hay un *happy ending*, porque, además, no hay buenos que se puedan imponer a los malos, como si fuese un maniqueo romance ecologista al estilo, otra vez, del superfluo *Avatar* de Cameron. Los humanos, por su naturaleza,

---

[36] *Pocahontas* (Walt Disney Productions, 1995), *https://es.wikipedia.org/wiki/Pocahontas_(pel%C3%ADcula)*.

[37] *Avatar* (20th Century Fox, 2009).

[38] Este artículo trata la cuestión desde una perspectiva cinematográfica con mucho acierto: Antonio Miguez de Santa Cruz, «Lo que Miyazaki nos quiso decir. Ecologismo y hermenéutica detrás de Mononoke Hime», *Fotocinema: revista científica de cine y fotografía*, núm. 9 (2014): 189-219.

necesitan explotar al bosque. El bosque, por su naturaleza, necesita preservarse como ecosistema intacto. La película termina en una paz tensa, y nos sugiere que las soluciones a las disputas nunca vienen de la mano de la consumación de sentimientos unilaterales, sino de procesos complejos en los que las partes dominan sus emociones destructivas y definen intersubjetivamente soluciones intermedias. Este es un modo de discurrir totalmente estoico.

VII.   UN SUPERPODER ESTOICO: LA OPINIÓN

Pensad mucho en estas películas y en sus trasfondos estoicos cuando os enfrentéis a problemas o conflictos complejos en vuestra vida personal y laboral. La lección esencial es esta: siempre es posible hallar la paz y la armonía con los otros si se dominan las pasiones y se buscan consensos basados en la lectura racional de la verdad. Esta lección es complementaria con otra máxima muy valiosa de Epicteto y el resto de los estoicos. Todos ellos asumen que los seres humanos, más allá de nuestros condicionantes inevitables, compartimos un superpoder: el don de la *opinión* o de la *representación*. El *Manual* del filósofo griego nos arroja una primera pista de esto en su capítulo VI: «¿Qué es lo tuyo? El uso de las representaciones. Así que presume entonces, cuando te comportes conforme a naturaleza en el uso de las representaciones. Entonces estarás presumiendo de tu propia bondad»[39]. ¿A qué se refiere con esto? Deberemos descifrarlo en este apartado.

Epicteto entiende por *opinión* o *representación* la capacidad de interpretar los datos empíricos que nos ofrece la realidad de acuerdo con unos patrones subjetivos. Podría pareceros contradictorio con lo indicado anteriormente. Os he insistido en que el estoicismo predica que hay una verdad objetiva que podemos acceder a través de la razón. Ahora bien, también asevera que la realidad es plurívoca y compleja, y que por tanto atiende a diversas interpretaciones que se compadecen en distintos grados con la verdad.

Me explico con un ejemplo. Estamos realizando una ruta de senderismo en pleno verano. Hemos caminado tres horas y estamos agotados y, de repente, aparece un río frente a nosotros. Descubrimos que el puente que lo atravesaba se ha quebrado y, aunque no es muy

---

[39] EPICTETO, *Manual*, VI.

ancho, tendremos que mojarnos para cruzarlo. La existencia del río, el agua que fluye en su lecho y el problema de que tendremos que mojarnos para cruzarlo son hechos estrictamente objetivos que no podemos cambiar por un acto de voluntad. Por más que cerremos los ojos y deseemos con toda nuestra fuerza que el agua desaparezca, o por más que le recemos a los dioses de todas las religiones para que el puente se repare solo, lo más plausible es que nada cambie.

Ahora bien, lo que no es objetivo ni es un hecho de la naturaleza es cuál debe ser nuestra reacción actitudinal y emocional frente a esta encrucijada. Es aquí donde actúa nuestro poder subjetivo de opinar y representar. Tenemos varias opciones.

Primero, interpretar el problema como un infortunio terrible, centrándonos en que estamos agotados y hartos y en que en el río podrían aguardarnos resbalones fatales, mosquitos o algún pez carnívoro. Tal representación probablemente haría que nos diésemos la vuelta y que nuestra excursión se frustrase, acabando con una jornada interesante y prometedora.

Segundo, podemos «tomarlo por el lado bueno» como recomienda Epicteto, y centrarnos en el calor que estábamos pasando. ¡De repente el río deja de ser un obstáculo y se convierte en una piscina! Por supuesto, nuestra razón objetiva debe seguir previniéndonos de que debemos tener cuidado con los resbalones y los peces asesinos —cuya existencia es dudosa—, pero nuestro poder opinativo nos impele a disfrutar del río como un hito más de nuestra aventura. Tal representación, al contrario que la anterior, nos permitiría continuar la jornada, gozando de nuevos paisajes y de la consumación de nuestro itinerario.

Os daré otro ejemplo más. Supongamos que me he esforzado con denuedo para sobresalir en la entrevista para un importante puesto de trabajo. Me examina una comisión y respondo con clarividencia a una serie de preguntas de alto nivel. Como conozco al resto de candidatos sé que mi currículum es de los mejores, si no el mejor. Dos días después me informan de que he quedado segundo en el proceso de selección.

Me quedé sin el trabajo. Lo que es peor, me entero de que la persona que me ha superado es parienta de uno de los miembros del comité de selección y de que su trayectoria es muy débil en comparación con la mía y la de otros candidatos. Mi conocimiento del sistema me dice que será inútil protestar. La decisión está tomada. Es un verdadero mazazo. Sin embargo, un estoico nos diría que son estas situaciones las que más requieren de nuestra capacidad de representación.

¿Hay manera de tomar esto por el «lado bueno»? Epicteto afirmaría con rotundidad que sí, que por supuesto. El hecho fáctico es que no he conseguido un trabajo y que no lo he hecho por un caso claro de nepotismo. Esa es una verdad que no puedo alterar. Ahora bien, si centro me atención en el hecho de que me han privado del puesto de mis sueños por un caso de corrupción, mi tormento será insoportable durante mucho tiempo. No se trata tampoco de olvidar esto como si no hubiera sido así. La representación no es un instrumento para negar la realidad, sino una cuestión de enfoque: consiste en centrar mi atención en los aspectos de la misma más conducentes a mi felicidad.

¿Qué aspectos de esa realidad siempre poliédrica puedo enfatizar en mi representación? En fin, he quedado segundo y, teniendo en cuenta que el ganador ha hecho trampas, esto quiere decir que soy el candidato con más méritos profesionales. Primer consuelo: en lo que depende de mí —tener un currículum excelente y hacer una buena entrevista— he sido extraordinario. Lo que me ha privado del premio final no dependía de mi voluntad, y por tanto no tiene sentido abatirse. Segundo consuelo: si tan bien lo he hecho esta vez, es plausible que pueda aspirar a otros trabajos iguales o mejores que este, solo es cuestión de tener paciencia y mantenerme en la misma línea.

Como veis, la representación pesimista de lo sucedido me habría sumido en una depresión y me habría perjudicado en el futuro. La visión positiva de lo acaecido me da fuerzas para continuar y es posible que me permita conseguir algo superior a aquello que he perdido. Los hechos son los mismos, pero he construido un relato distinto en torno a ellos. Epicteto lo ejemplifica él mismo en el capítulo 20 de su *Manual*, en este caso hablando de cómo debiéramos reaccionar ante un insulto o un golpe que nos propinen:

> Recuerda que no ofenden el que insulta o el que golpea, sino el opinar de ellos que son ofensivos. Cuando alguien te irrite, sábete que es tu juicio el que te irrita. Por tanto, intenta lo primero no ser arrebatado por la representación [40].

---

[40] EPICTETO, 12.

Es decir, no podemos controlar que alguien nos insulte o nos golpee, pero sí podemos controlar nuestra opinión sobre ello. Mi hermano llega a casa enfadado y, tras una pelea por ver quién ejerce el control del mando a distancia, declara que me odia y que ojalá nunca hubiera nacido. Puedo optar por tomármelo con seriedad y solemnidad, pensar que mi propio hermano me detesta, que aborrece mi personalidad. Esto me llevará a deprimirme de una manera fatal. Pero también puedo enfocar mi atención en otros factores contextuales: ha vuelto de mal humor, algo debe haberle sucedido en otra parte, siempre ha sido temperamental, es normal que los hermanos se digan cosas terribles, pero esto no cambia todas las buenas experiencias que hemos compartido. En el fondo nos queremos. Si discurro de este modo, en lugar de sentirme apenado, es posible incluso que me tome el episodio con humor y que reúna las fuerzas para ir a averiguar qué le sucede.

Así, de acuerdo con Epicteto, los seres humanos no podemos decidir todo lo que nos pasa, pero sí el relato que urdimos a partir de ello. Los hechos sociales no tienen un sentido unívoco. No tienen significado por sí solos. Obtienen tal significado cuando los contamos, cuando los subsumimos en una narrativa con un inicio y un final discernible. Varios estudiosos modernos, como los expertos en bioética Marcos Alonso[41] y Richard Heersmink[42], han respaldado tal hipótesis. Según estos, cada vez que recreamos en nuestra cabeza algún hecho que nos ha sucedido no lo hacemos de manera exacta. Los actos de recordar e interpretar terminan generando una construcción mental imaginativa, elaborada a partir de una lectura sesgada y/o interesada de nuestras experiencias.

Pensad en la ruptura de una pareja. Los dos miembros de esta han compartido una serie de experiencias comunes, pero es habitual que las partes elaboren relatos o representaciones distintas de las mismas. Para uno el viaje a Irlanda, por ejemplo, pudo ser un episodio de alegría compartida, pues decide detenerse en los momentos bonitos y caracterizarlos como tales: un precioso paseo por los jardines del Trinity College,

---

[41] Marcos ALONSO FERNÁNDEZ, «Memory, Neuroscience and Memory Enhancement», *Canadian Journal of Bioethics / Revue Canadienne de Bioéthique* 3, núm. 1 (2020): 1-9.

[42] Richard HEERSMINK, «The Narrative Self, Distributed Memory, and Evocative Objects», *Philosophical Studies* 175, núm. 8 (1 de agosto de 2018): 1829-49.

una agradable charla entre Guiness o un tórrido beso bajo la lluvia. La otra parte, por el contrario, podría elaborar una narrativa memorística igual de válida, pero que pusiera el acento en momentos negativos: una discusión en el aeropuerto, un hotel hediondo que eligió el otro o una excursión mal planificada. Es más, podría recordar los mismos momentos que la otra parte ha caracterizado como felices, pero darles un tinte negativo: durante el paseo por el Trinity no lograsteis entablar una conversación interesante, durante la charla entre Guiness el otro estaba borracho y no decía más que sinsentidos, el beso bajo la lluvia fue una estupidez apresurada que contribuyó a que pillaseis un catarro.

Los estudios de la memoria autobiográfica, en línea con el estoicismo, han demostrado que, en efecto, tenemos una enorme capacidad para interpretar a posteriori lo que nos ha sucedido, otorgándole un significado conveniente[43]. El consejo de los estoicos es que elaboremos el relato que más contribuya a nuestra felicidad. De acuerdo con Felipe Fernández Armesto, un historiador de las ideas que ha incursionado en el campo de la psicología evolutiva, si algo distingue la inteligencia humana de la de otros animales, es su memoria selectiva, su capacidad para seleccionar aquellos datos de su experiencia que le son útiles y expurgar aquellos que son inservibles o dañinos[44].

Epicteto concuerda con lo anterior y le otorga una función ética y social. La representación optimista de la realidad, que no la negación voluntarista de esta, no solo nos haría más felices, sino que seguramente sería opción más racional. Los estoicos nos invitan, así, al optimismo interpretativo.

¿Tu jefe te abronca injustamente por entregar tarde un informe? No pasa nada, estará irritado por algo ajeno a ti. Controla tus emociones negativas, no te entristezcas ni te enfades. Explícate y sigue trabajando lo mejor posible. No tendrán nada que reprocharte. Lo demás no depende de ti y con esta actitud las cosas te irán probablemente bien. ¿Un compañero te ha traicionado y ha presentado ante la Dirección una buena idea que le comentaste como si fuera suya? No te sulfures, no te dejes guiar por tu pasión de venganza.

---

[43] Jonathan K. FOSTER, *Memory: A Very Short Introduction* (OUP Oxford, 2009); David CARR, «Narrative Explanation and Its Malcontents», *History and Theory* 47, núm. 1 (1 de febrero de 2008): 19-30.

[44] Felipe FERNÁNDEZ-ARMESTO, *Más allá de nuestras mentes: Qué pensamos y cómo llegamos a pensarlo* (Barcelona: Roca Editorial, 2020).

Relájate. Tu compañero es un ser humano con ambiciones, igual que todos. Se ha dejado llevar. A ti también podría pasarte. Perdónale. Habla con él y define el curso más racional de acción. Tal vez revelar la verdad, pero sin rencores. Tal vez callar y seguir trabajando. Al fin y al cabo, si se te ha ocurrido la idea es porque tienes talento. Tarde o temprano los jefes lo comprobarán. La representación optimista, unida a la gestión de las emociones y a la evaluación racional de nuestro contexto son la tríada estoica para el éxito. Y os aseguro que no son una mala estrategia.

VIII.   LOS CABALLEROS *JEDIS*. EL ESTOICISMO BIEN Y MAL ENTENDIDO

Reitero que todos los preceptos estoicos que he expuesto hasta aquí no debéis tomarlos como un breviario de normas inapelables. Al contrario, el estoicismo confía en que nuestro juicio, nuestro libre albedrío y nuestra opinión nos den el margen suficiente como para saber cómo y en qué medida aplicar sus máximas para alcanzar el éxito y la plenitud. Hay un muy buen ejemplo de un estoicismo mal entendido —por exacerbado— que les gustará a los fans de Star Wars: los caballeros *jedis*. Fernando Ángel Moreno ha disertado que, aunque la cultura pop tienda a asociar a estos guardianes de la galaxia con el budismo o el taoísmo, lo cierto es que uno de los núcleos ideológicos que inspiraron a George Lucas en su creación fue —aparte del cristianismo— el estoicismo[45].

Los *jedis* pretenden someter a un control estricto todas sus emociones, desde la ira y el miedo hasta el amor romántico. De ahí que la orden estipule la prohibición de tener relaciones o casarse. Creen que el uso de la Fuerza —un inmenso poder que les permite conectarse con todos los seres orgánicos, hacer flotar cosas y hasta manipular las mentes ajenas— requiere de un férreo autocontrol de las emociones por medio de la razón. Las dos primeras trilogías de la saga problematizan esto de manera muy lúcida. Nos muestran que la Orden Jedi, al llevar este racionalismo contrario a los sentimientos al extremo, termina por destruirse a sí misma.

---

[45] Fernando Ángel Moreno, *La ideología de Star Wars* (Guillermo Escolar Editor, 2018).

El protagonista de la primera trilogía, Anakin Skywalker, es obligado —como todos los niños de la Orden— a desprenderse de sus lazos afectivos con su madre. Más adelante, tras enamorarse de la cautivadora senadora Padme Amidala, debe mantener su relación e incluso su matrimonio en secreto para no ser castigado. Las prohibiciones sentimentales del Consejo Jedi generan en Anakin una guerra interna que impide que su razón dialogue con sus emociones. El resultado es un súbito estallido sentimental que le sume en un salvajismo tenebroso, provocando que dañe de muerte a Padme en un arrebato de ira y que se convierta en el celebérrimo Lord de los Sith. Hablo del infame Darth Vader, un genocida tecnocrático que aterroriza durante dos décadas a la galaxia. Lo que nos sugieren las películas, en el fondo, es que los *jedis* más rigoristas —Mace Windu, el maestro Yoda y Obi-Wan Kenobi— son muy malos estoicos, porque sobreestiman la capacidad de la razón para anular los sentimientos y no la usan como un instrumento para modelarlos.

Hay dos *jedis* que se libran de esto y que se revelan como verdaderos maestros del estoicismo: Qui Gon-Jin y Luke Skywalker. El primero entiende que las nociones verdaderas de la justicia y la virtud solo llegan como el resultado de una razón analítica y no dogmática, que nos permita entender las pasiones humanas tal cual son y trabajar sobre ellas. Él descubre que Anakin es poderoso en la fuerza y le introduce en la Orden Jedi, pero respetando su personalidad y sus disposiciones y tratándole a través de un cariño puro y contenido. Lo malo es que Qui-Gon muere en la primera película y no puede educar a Anakin empleando esa sabiduría tan estoica. El segundo, Luke, que es el hijo del propio Anakin con Padme, entra en la Orden Jedi y es entrenado en el rigorismo ético del Consejo por Obi-Wan y Yoda.

Al poco, descubre que Darth Vader es su padre. Sus maestros, siguiendo el Código Jedi, le piden que asesine a su progenitor, pues el dogmatismo de la Orden obliga a eliminar al lado oscuro. Pero, en una de las escenas más bellas de la historia del cine, cuando Luke derrota a su padre en un emocionante duelo de sables láser y lo tiene tendido ante sí, decide guiarse por el amor que siente por él y le perdona la vida. No se deja convencer por los dogmas pretendidamente racionalistas de los *jedis*, sino que razona genuinamente por sí mismo, contrapesando sus emociones con su deber y con el contexto que le rodea.

Esto le conduce a un acto de piedad que regresa a su padre al lado luminoso, lleva la paz a la galaxia y le trae el equilibrio a la fuerza.

Estoy seguro de que Epicteto, Marco Aurelio y Séneca habrían aprobado la elección de Luke, pues usa su razón no como un estricto dogma instrumental, sino como una herramienta crítica que le permite comprender a fondo sus propias emociones y emplearlas de manera congruente con su bien personal y con el bien de sus semejantes.

Por añadido, en este caso fílmico se aprecia el poder de la representación. Cuando Luke derrota a Darth Vader y le tiene postrado ante sí, cuenta con todo un arsenal de cursos posibles de acción que dependen de la representación subjetiva que realice de la escena. Puede tomarlo por el «lado malo», siguiendo la retórica maximalista de los *jedis*, y ver en Darth Vader al hombre malvado que torturó a la galaxia, que le cortó la mano y se entregó de forma irremisible al lado oscuro. Tal interpretación le habría conducido con seguridad a asesinar al Lord de los Sith.

Sin embargo, Luke utiliza de forma muy estoica sus cualidades opinativas y, sin desconocer todo lo anterior, decide centrarse conscientemente en otro aspecto también cierto de la misma escena: ante él tiene a su padre, un hombre que pudo asesinarle pero que solo le cortó la mano, que se equivocó en sus elecciones vitales pero que aún puede redimirse y que le ha dado algunas señales de que queda bondad en él. Luke opta por este último modo de ver las cosas, que es el más optimista, es decir, el más propio del estoicismo. El final feliz de la saga depende totalmente de esta libre disposición de su opinión que ejecuta su protagonista: entre ver al villano y ver al padre, decide ver al padre; entre un acto de violencia y de venganza y uno de amor y de perdón, elige el amor y el perdón.

IX. CONCLUSIÓN

Este último caso es lo bastante elocuente como para que demos el capítulo por concluido. Habréis visto que el estoicismo nos propone algunas herramientas éticas y decisionales que resultan muy contraintuitivas si las contrapesamos con nuestros valores contemporáneos. Ser racional, no tenerle miedo a conocer la verdad por dura que sea, definir nuestros objetivos vitales de acuerdo con análisis realistas, aspirar a la calma y a la lógica como contrapeso a nuestras pasiones irreflexivas y egoístas, ser conscientes de qué obstáculos podemos superar y de qué obstáculos son insuperables y no dejarnos guiar por las opiniones superfluas ni las manipulaciones emotivas. A esto hay que añadirle, eso sí, emplear nuestro poder para interpretar nuestras experiencias de un modo optimista. Ninguna de estas recomendaciones parece tan terrible. No es casual que algunos, como el filósofo Lawrence Becker aboguen por la recuperación del estoicismo como un remedio posible a los males de nuestro tiempo. Cierro con su lúcida definición del ideal estoico:

> Suponed que hubiera un libro sobre la virtud, la felicidad y la buena vida. Suponed que identificara a estas con el bienestar, esto es, con el florecimiento personal en base a los recursos disponibles. Suponed que este libro defendiese que vivir bien fuese el resultado de seguir las proposiciones normativas de la razón práctica. Suponed que esas proposiciones no pudieran construirse a priori, sino sobre el máximo conocimiento posible del mundo natural y de las necesidades y el carácter de sus agentes particulares. Suponed que esas proposiciones fuesen raramente egoístas, en el sentido de ratificar el interés individual estrecho del agente. Suponed que, por el contrario, le invitasen a rechazar sus deseos personalistas. Suponed que el libro describe un régimen de construcción del carácter para este propósito, enfatizando el control de nuestros estados mentales para superar los obstáculos para vivir bien. Ese libro sería de la tradición estoica. Sería eudemonístico, en el sentido de identificar la vida buena o la felicidad con el florecimiento: con ser excelente con arreglo a nuestras propias aptitudes. Sería intelectualista, identificando la virtud con la racionalidad, con llevar a cabo las proposiciones normativas de la razón práctica. Sería naturalista, en su insistencia de que los hechos del mundo natural son la sustancia para la deliberación práctica [46].

---

[46] Lawrence C. BECKER, *A New Stoicism* (Princeton: Princeton University Press, 2017).

CAPÍTULO III

¿CÓMO SER PODEROSO? EL MAQUIAVELISMO

I.   UN ENIGMA EN SUS PUPILAS. ¿QUÉ ES EL PODER?

Hay una escena de la celebérrima *Game of Thrones* que es particularmente interesante. La protagonizan dos personajes que se encuentran en el palacio de King´s Landing, la capital de los siete reinos. En un lado del cuadrilatero, tenemos a Lord Baelish, apodado Meñique. Un hombre hecho así mismo de origen humilde que ha llegado al Consejo Real y ha comprado su nobleza gracias a sus quehaceres inescrupulosos como espía y proxeneta. Del otro lado nos encontramos a Cersei Lannister, la madre del rey, cabeza femenina de un linaje aristocrático de rancio abolengo y vastas riquezas. La escena nos presenta a Cersei escoltada por seis fornidos caballeros de su guardia personal. Se acerca a Meñique en las galerías exteriores del complejo palaciego y le insinúa que, aunque no tiene pruebas, sabe que este ha dejado escapar a una importante prisionera del rey. Especula que lo ha hecho para servir a sus ambiciones personales. Meñique no duda en desafiar a la reina madre, y le sugiere sibilinamente que, si le acusa, él aireará a los cuatro vientos un secreto turbio y peligroso. Esto es, que Cersei mantiene relaciones sexuales con su hermano Jaime Lannister, que sus hijos son el fruto de un romance incestuoso y que, por consiguiente, su primogénito, el rey, es un bastardo que ocupa el trono ilegítimamente. En este punto, Meñique pretende darle una lección a su interlocutora y le espeta que «el conocimiento es poder». Cersei no tarda en reaccionar y les ordena a sus musculosos escoltas que apresen a Meñique y que le corten la garganta. Justo antes de que le degüellen pide que se detengan y entonces le ofrece una lúcida contestación a su enemigo: «el poder es poder»[1].

Meñique estaba equivocado, el conocimiento no es poder como tal, sino un cúmulo de datos que pueden servir como medio para obtenerlo. Pero, entonces, ¿qué es el poder?, ¿a qué se refiere Cersei Lannister?, ¿al dinero?, ¿a la fuerza bruta?, ¿a la autoridad legal? Cuando mentamos al poder en estos tiempos de desconfianza ante las jerarquías, tendemos a hacerlo en términos peyorativos y restrictivos. La palabra nos evoca despachos diáfanos situados en la cima de rascacielos de hierro y de cristal, rechonchos magnates que manipulan a políticos y medios de comunicación desde sus yates último modelo o soberbios autócratas que ordenan bombardeos mientras beben champán. Pero esta imagen del poder es reduccionista y engañosa. Cersei se refiere a algo mucho más básico. A una fuerza mucho más ubicua y presente en nuestras vidas de lo que sospechamos.

En uno de sus libros más importantes, el politólogo y periodista Moisés Naím[2] nos explica en términos sencillos la frase de Cersei. Según él, el concepto de «poder» designa nuestra capacidad para lograr que otras entidades cumplan nuestra voluntad. Con los objetos inanimados es más o menos simple. Si tengo una piedra frente a mí y mi voluntad dicta que debe moverse a un lado, levantarla y apartarla constituye un acto de poder sobre la piedra. Con los seres vivos es más complejo, y aún más con otros *homos sapiens*. Ejercer el poder sobre estos significa lograr que sus acciones, sus ideas y sus deseos se ajusten a mi voluntad. Esto no es privativo de los magnates y de las reinas. Todos, todos los días, a todas horas, anhelamos e incluso necesitamos que los otros hagan lo que queremos que hagan y actúen como queremos que actúen. Podríamos decir, si seguimos al sociólogo Michael Mann[3], que la sociedad misma es un entramado de poderes, una red capilar de influencias mutuas, un baile delirante y complejo en el que cada individuo intenta que el resto siga en lo posible su compás.

---

[1] «Vientos de invierno», *Juego de Tronos* (HBO, 2016).
[2] Moisés Naím, *El fin del poder: Empresas que su hunden, militares derrotados, papas que renuncian y gobiernos impotentes: Cómo el poder ya no es lo que era.* (Colombia: Penguin Random House Grupo Editorial S.A.S., 2013).
[3] Michael Mann, *Las fuentes del poder social* (Barcelona: Alianza, 1997).

Por supuesto, no todas las formas de poder se basan en la fuerza bruta. Naím distingue cuatro tipos básicos: 1) la fuerza o coacción, 2) la obligación por códigos en vigor, 3) la persuasión por medio de mensajes y 4) los incentivos o recompensas. Si os detenéis a pensar en qué medida estas modalidades de poder están presentes en vuestra vida cotidiana, os abrumaréis. Vivís en el plasma del poder. Lo ejercen sobre vosotros múltiples instancias y vosotros lo ejercéis en alguna medida sobre muchas cosas y personas.

Repasemos cada una de tipologías anteriores. En el mundo contemporáneo, el poder por fuerza es el menos visible en la esfera pública —a no ser que estemos en un contexto de guerra o de caos al estilo narcoestado—. Sin embargo, la amenaza de la coacción está siempre presente en nuestro día a día. Sabemos muy bien que si conculcamos las leyes vigentes en nuestro país o ciudad existen unos señores uniformados que están predispuestos a violentarnos, deteniéndonos y encerrándonos. El Estado moderno goza del monopolio de la violencia en la esfera pública, al menos en una buena parte de los países del mundo. Max Weber[4], uno de los padres de la sociología contemporánea, ya apuntó a esta naturaleza coercitiva del Estado moderno. Por más democrático que se pretenda, su autoridad última descansa en una violencia latente, pero implacable. Su poder policial es tan grande que no hace falta que lo ponga mucho en práctica para que seamos obedientes. Basta con que naturalicemos su existencia y vivamos conscientes de la amenaza que supone. La fuerza bruta también está presente en muchos otros ámbitos: las peleas a puñetazos en el patio del colegio, todavía habituales, suelen tener que ver con disputas de poder entre niños y adolescentes; las collejas de nuestras madres —cada vez más desacreditadas— eran una forma de direccionar nuestras acciones en el sentido que dictaba su voluntad, normalmente amorosa.

Vayamos con el segundo tipo. El poder por códigos es igual de ubicuo que el dimanado de la fuerza. Desde pequeños nos atiborran con relatos sobre lo correcto y lo incorrecto que modulan nuestro comportamiento, sometiéndolo a la voluntad de ciertos grupos sociales e individuos. La educación infantil consiste en buena medida

---

[4] Max WEBER, *La política como vocación* (CreateSpace Independent Publishing Platform, 2016).

en eso, en impregnar nuestra mente de patrones de pensamiento que sintonizan nuestras acciones con aquello que nuestros padres y la comunidad cívica desean de nosotros. «Los mocos no se comen», «no se cruza cuando hay luz roja en el semáforo», «en clase hay que permanecer sentado y callado», «no se puede hacer pis en público». Todos estos enunciados contienen códigos disciplinares que nos sujetan a cierto orden. Son una forma de «biopolítica». Según el filósofo francés Michelle Foucault, la «biopolítica» consiste en el control de nuestros cuerpos y formas de actuar por medio de codificaciones —los modales, la ley, el código de honor de la empresa, etc.—, instituciones —la escuela, la familia, la empresa, etc.— y dispositivos ideológicos —el patriotismo, el civismo, corporativismo, etcétera—. [5]

En tercer lugar, la presencia del poder por persuasión en nuestra cotidianeidad es más que evidente. Lo es con mucha intensidad, al menos, en nuestra cultura posmoderna, que privilegia la seducción sobre la coacción, y la positividad sobre el castigo, como afirma Byung-Chul Han [6]. La publicidad trata de conseguir que nuestros hábitos de compra obedezcan a los objetivos de venta de ciertas empresas por medio de discursos persuasivos que aspiran a manipular nuestras emociones y deseos. Los políticos, con su *marketing* electoral, hacen lo propio. Nosotros mismos intentamos ejercitar de forma constante el poder persuasivo sobre nuestros semejantes. Cuando tratamos de convencer a nuestro amigo de que deje de estudiar y nos acompañe al fútbol o al teatro, cuando le explicamos con todo el cariño posible a nuestra pareja que debe orinar sentada para no salpicar el suelo o cuando intentamos que nuestro jefe nos suba el sueldo de acuerdo con la exposición altisonante de nuestros méritos.

Del poder por incentivos y recompensas casi no hay nada que explicar. De nuevo, lo recibimos y lo ejercemos de constante. Nuestra empresa logra que nos sometamos a su voluntad de producción gracias a que, al final del mes, nos premia con un sueldo. Tal ingreso es un indicador de nuestro poder de cambio, es decir, nos sirve para lograr que el panadero se amolde a nuestra voluntad y nos entregue el pan que deseamos a cambio de un pago, o que ese televisor del escaparate

---

[5] Michael DROLLET, «Michel Foucault and the Genealogy of Power and Knowledge», en *A companion to intellectual history*, ed. Richard WHATMORE y Brian YOUNG (Malden MA: Blackwell, 2016), 83-96.

[6] Byung-Chul HAN, *Sobre el poder* (Barcelona: Herder Editorial, 2016).

se someta a nuestra querencia de colocarlo en el salón. El mercado es una telaraña de poder por permutación.

Repito, por ende, que un entendimiento profundo del poder precisa de que lo conceptuemos como la capacidad de un agente para lograr que una persona, animal o cosa actúe de acuerdo con su voluntad. ¿Qué colegimos de lo dicho hasta aquí? Primero, que, al contrario de lo que podríamos intuir, el poder no es malo. Afirmar que el poder es malo sería como afirmar que el oxígeno es malo. No podemos vivir sin poder. No podríamos organizarnos como sociedad si nuestras voluntades no se plegasen las unas a las otras en jerarquías y redes de colaboración. El poder es la condición de posibilidad para que cooperemos, prosperemos y sobrevivamos.

Por supuesto, hay formas mejores y peores de poder. Este puede ser unilateral. Es decir, puede suceder que un agente le imponga a otro su voluntad sin respetar en nada la voluntad de ese otro. Esto es natural cuando un ser humano ejerce su poder sobre un objeto inanimado, pero en las interacciones humanas suele ser sinónimo de tiranía y de maltrato. Por fortuna en las cuestiones interpersonales casi todo el poder es de tipo relacional, es decir, responde a procesos de negociación y de persuasión en que las voluntades de distintos agentes se acomodan las unas a las otras. El ejemplo más cercano de poder relacional debiera ser la pareja: «vale, hoy vamos al cine como tú quieres, pero mañana hay que ir a almorzar con mis padres»; «ok, podemos hacer el amor con la luz apagada como te gusta, pero a cambio…». La pareja modélica en el mundo contemporáneo, se concibe así como una alianza de voluntades en la que el poder se distribuye relacionalmente.

Entonces, si el poder es el fundamento de nuestros vínculos, el plasma de nuestra sociabilidad y la fuerza que nos empuja hacia los otros, ¿no será importante conocer sus resortes en nuestro camino hacia el éxito? Pero, ¿quién puede teorizar sobre un fenómeno tan universal y complejo?, ¿quién conoce los secretos de esta alquimia prodigiosa de nuestras voluntades? De repente, un cuadro se me viene a la mente. Es un retrato avejentado. El artista que lo pintó se llamaba Santi di Tito, un manierista italiano del siglo XVI. ¿Quién es el personaje retratado? Su peinado es sencillo, nada ostentoso. Los claroscuros del óleo nos descubren un rostro enjuto, de facciones aguileñas y ligeramente barbado. Nada destacable, salvo su mirada. Sus ojos irradian una energía extraña. Trasmiten paz. Una tranquilidad poco habitual, casi de monje. Pero, al mismo tiempo, se adivina en ellos cierta ironía preñada de inteligencia, como si un enigma fascinante se ocultase en sus adentros. Ante nosotros se presenta Nicolás de Maquiavelo y el enigma que oculta en sus crípticas pupilas es lo que vamos buscando: las claves secretas del poder.

Tito, Santi di. *Retrato de Maquiavelo.* Óleo sobre lienzo, Palazzo Vecchio. Fuente: *https://commons.wikimedia.org/wiki/File:Portrait_of_Niccol%C3%B2_Machiavelli.jpg.*

II. ÉRANSE UNA VEZ UNA CIUDAD DESAFORTUNADA Y UN HOMBRE OBSERVADOR

Érase una vez una ciudad que vivía sometida al señorío de una poderosa duquesa y margravina llamada Matilde de Canossa. Sus habitantes reconocían la autoridad de esta porque su dinastía fue ungida por los papas y sacro-emperadores de aquellos tiempos lejanos con el derecho divino de gobernar el norte de Italia. Sin embargo, a las alturas del año 1115, algo estaba a punto de cambiar. La anciana Matilde exhalaba su último aliento y la que fuera una pequeña aldea se había convertido en un emporio comercial que ya no estaba dispuesto a ser un mero feudo. Florencia había prosperado asombrosamente a lo largo de los últimos cien años. Sus mercaderes habían concurrido a todas las orillas del Mediterráneo, logrando pingües ganancias. Sus telas y monedas eran famosas mucho más allá de sus fronteras. Los tesoros acumulados permitían que germinasen importantes casas bancarias que inundaban de créditos el continente. Se había consumado el nacimiento de una nueva elite mercantil y financiera que ambicionaba algo más elevado que las riquezas: el néctar embriagador del poder. Por eso, cuando la duquesa dejó este mundo, los integrantes de esta aristocracia recién nacida, organizada en gremios, no se conformaron con seguir siendo vasallos. Aquel mismo año de 1115 proclamaron la República de Florencia y se erigieron en sus gobernantes por medio de una serie de instituciones que sancionaban la autoridad de los gremios y de las redes familiares que los componían.

Pero la ciudad-Estado nació bajo el mal augurio de un pecado original. Los comerciantes, banqueros y terratenientes florentinos se proclamaron a sí mismos magistrados y ciudadanos rompiendo con las tradiciones político-filosóficas que habían prevalecido durante los últimos siglos. Siendo cristianos, desafiaron la idea de que el designio divino y la aprobación papal eran la fuente justificativa del poder. Su acto de creación de la república fue ilegal e ilegítimo, ya que rompió con las leyes y costumbres que imperaban hasta el momento. Este fenómeno no es privativo de la historia florentina. Como sugirió el filósofo alemán Carl Schmitt, el nacimiento de cualquier orden político nuevo es ilegal e ilegítimo por definición. Ahora bien, este autor también opinaba que, si cuentan con el respaldo suficiente, los grupos que ejecutan una revolución pueden inventar nuevos principios de legitimidad y de legalidad. Para ello deben urdir relatos que aseguren la cohesión identitaria de la comunidad y la continuidad de las instituciones que están creando[7]. Para los líderes republicanos de Florencia esto era una cuestión de supervivencia. El Estado que acababan de fundar estaba rodeado de enemigos dispuestos a invadir su territorio. También estaba sujeto a las luchas intestinas de las facciones, así como inerme ante las calamidades que le pudieran sobrevenir en la forma de epidemias o desastres naturales.

---

[7] Carl Schmitt, *El concepto de lo político: texto de 1932 con un prólogo y tres corolarios* (Barcelona: Alianza, 2014).

Las amenazas que se cernían sobre su existencia eran tan numerosas que los pensadores políticos florentinos comenzaron a obsesionarse con forjar una identidad cívica que le permitiese a la república sobrevivir en el tiempo. Habiendo rechazado la narrativa de la designación divina de los reyes y nobles, debieron recurrir a una ideología alternativa. Por suerte para ellos, su independencia coincidió con un período de recuperación de la filosofía política del mundo Antiguo. En este contexto, se apropiaron del ideal clásico del republicanismo cívico. La premisa esencial era esta: las aristocracias mercantiles y bancarias tenían el derecho y el deber de regir los destinos de la ciudad porque eran magistrados virtuosos, que supeditaban sus intereses privados al bien común de los ciudadanos. En su magnífico libro sobre la cuestión, el historiador británico John Agard Pocock nos cuenta que tratadistas como Lorenzo Valla elaboraron esta teoría. La misma justificaba el control que las oligarquías gremiales ejercían sobre el sistema político a cambio de que estas garantizasen la prosperidad de la ciudad e invirtiesen parte de sus ingresos en procurarle sustento, protección y hasta belleza pública[8].

El plan no salió mal durante casi cuatrocientos años. Los magistrados que dominaron la república lograron consolidar sus posiciones de autoridad, reinvirtiendo parte de sus fortunas en convertir a Florencia en una metrópolis pujante, que destacaba por la fortaleza de su moneda, la extensión de sus redes comerciales, la opulencia de sus bancos y la fastuosidad de sus edificios[9]. No es casual que el arte del *quattrocento* italiano tenga su sede en Florencia. El mecenazgo privado de obras públicas no era un capricho, sino una de las estrategias que adoptaron las elites urbanas para expresar y consolidar su poder político[10].

A inicios del siglo XV, daba la impresión de que este despliegue de virtudes cívicas de la oligarquía florentina estaba logrando eliminar cualquier amenaza de desaparición. Las fronteras de la ciudad-Estado

---

[8] J. G. A POCOCK, *El Momento maquiavélico: el pensamiento político florentino y la tradición republicana atlántica* (Madrid: Tecnos, 2008).

[9] Rodrigo MORENO JERIA, *Florencia y el Renacimiento: epicentro de la creatividad* (Lima: Ernst & Young, 2021).

[10] Nicholas Scott BAKER, *The Fruit of Liberty: Political Culture in the Florentine Renaissance, 1480-1550*, I Tatti Studies in Italian Renaissance History (Harvard: Harvard University Press, 2013).

estaban más o menos seguras y la misma vivía un período de esplendor económico y artístico. En esto, una familia de banqueros y comerciantes, los Medici, logró tejer una red clientelar lo bastante tupida como para dominar casi por completo las instituciones republicanas. Bajo el mando de Lorenzo de Medici (1469-1492), este sistema pseudo-mafioso llegó a su apoteosis. Pero, súbitamente, la fortuna le fue muy adversa a Florencia. El sucesor de Lorenzo, Piero de Medici, vio cómo su posición era cuestionada por varios grupos descontentos con la monopolización de la autoridad por parte de su familia. Por si esta inestabilidad fuera poca, en 1494, el rey de Francia, Carlos VIII, decidió invadir Italia y, tras una serie de desencuentros diplomáticos, derrotó a los florentinos y depuso a los Medici[11].

Se inició entonces un período convulso que terminó con la restauración de un régimen republicano de tipo aristocrático en 1498. Los defensores del nuevo orden, a la postre liderado por el gonfaloniero Piero Soderini, deseaban recuperar la grandeza de Florencia, revivificando la idea de que la virtud de los magistrados traería consigo las bendiciones de la fortuna y de la prosperidad. De entre los que se dedicaron a lograr la consumación de este proyecto, hubo un joven particularmente comprometido. Se llamaba, como imaginaréis, Nicolás de Maquiavelo. Su sueño era restaurar la fortaleza de las instituciones republicanas, liberándolas de las dinámicas corruptoras que venían lastrándolas durante las últimas décadas. Su obsesión, eso sí, no era tanto acabar con la corrupción como lograr una cohesión interna que convirtiese a Florencia en una potencia capaz de abatir a sus enemigos[12].

Maquiavelo era el vástago de una familia de alta alcurnia, pero empobrecida. A partir de 1499 se integró en los servicios diplomáticos de la república, representando a esta en las cortes del papado, Francia, el Sacro Imperio y varios Estados italianos. El joven emisario se codeó con emperadores, reyes y papas en una época de extrema conflictividad, en la cual las monarquías hispánica y francesa, así como el propio Papa, se disputaban la hegemonía de la península italiana. A lo largo de este período de su vida, que duraría hasta el derrumbe del régimen

---

[11] Christopher HIBBERT, *The Rise and Fall of the House of Medici* (London: Penguin UK, 2001).

[12] Ross KING, *Machiavelli: Philosopher of Power* (Harper Collins, 2009).

republicano en 1512, el joven florentino se reveló como un atento observador de la realidad política en la cual se encontró inmerso. Su profunda atención a cuanto escuchaba y veía se debió a su obsesión con el desciframiento de una incógnita: ¿cuáles eran las claves que explicaban que algunos gobernantes consiguieran sus objetivos y otros fracasaran en el intento?, ¿qué hacía que unos lograsen perpetuarse en el trono a la par que hacían más fuertes a las comunidades que regían, mientras otros perdían el control de sus señoríos?

Como más tarde declararía en su obra más célebre, *El Príncipe*, Maquiavelo llegó a una conclusión muy interesante a este respecto: la consecución de objetivos políticos no depende de la bondad o de la maldad de los que ostentan la autoridad. Los pensadores florentinos anteriores a él se habían equivocado al asociar la «virtud» de los gobernantes con sus cualidades éticas. La verdadera «virtud» del gobernante no residía en la justicia de sus decisiones ni en la generosidad de sus contribuciones a la riqueza pública, ni mucho menos en la bondad de sus sentimientos. La verdadera «virtud» de un gobernante residía en su capacidad para gestionar el uso de la violencia y la persuasión para hacer respetar su autoridad y expandirla. La verdadera «virtud» del gobernante no era ética, sino política. Dicho de otro modo: la política no consistía en la búsqueda del bien, sino en la consecución del poder. No se trataba de que el gobernante nunca debiera atender al bien y a la justicia, sino de que cuando centraba su actividad en estos quehaceres descuidaba lo esencial: ejecutar las acciones necesarias para que los otros respetasen su voluntad. No os impacientéis. En los siguientes apartados ofreceremos muchos ejemplos de la vida contemporánea que ilustran esa teoría.

Sea como fuere, dichas premisas condujeron a Maquiavelo a una conclusión respecto del destino de su patria natal: si esta quería sobrevivir a las embestidas de la fortuna —invasiones, pestes, guerras civiles y catástrofes—, Florencia no necesitaba a un soberano humilde, dadivoso, piadoso o bueno. Por el contrario, precisaba de alguien capaz de desplegar otras cualidades: cualidades políticas, orientadas al poder. Las «virtudes» de ese príncipe —entiéndase por la cabeza de un Estado— debían ser la capacidad predictiva, el talento para persuadir, el aprendizaje profundo a partir de la experiencia —propia y ajena— y la habilidad para discernir cuándo y cómo aplicar la fuerza. Maquiavelo no tuvo tiempo para emplear estos saberes en la salvación del régimen republicano al cual representaba. En 1512 los ejércitos papales lo derrocaron, restableciendo a los Medici en la jefatura del Estado. Por pertenecer a la administración anterior y estar implicado en una conspiración contra ellos, los Medici forzaron a Maquiavelo a exiliarse a su pequeño pueblo de nacimiento, San Casciano. Sin embargo, este tenía un as bajo la manga. Si les entregaba a los Medici un libro en que se recogiesen los secretos de su aprendizaje político, conseguiría su favor. Por añadidura, contribuiría a que Florencia se consolidase como un Estado grande, poderoso e independiente, susceptible de ejercer su hegemonía en Italia. Para ello, era necesario que Lorenzo II de Medici, el nuevo mandamás de la ciudad, aprendiese las verdaderas virtudes políticas, las virtudes del poder [13].

Su libro *El Príncipe*, publicado en 1513, fue el instrumento elegido para destilar sus conocimientos y ponerlos al servicio de Florencia [14]. Los Medici lo despreciaron y su impacto inmediato fue reducido. Sin embargo, el entramado teórico que generalmente denominamos maquiavelismo había nacido. ¿En qué pueden ayudarnos una colección de lecciones pensadas para servir a los soberanos italianos del siglo XVI hoy en día?, ¿es posible que las experiencias de Maquiavelo en aquel mundo caótico y conflictivo que le tocó recorrer nos sean útiles?, ¿son aplicables para nuestros objetivos personales y profesionales aquellas máximas con las que se aspiraba a la eternidad y grandeza de Florencia?, ¿acaso ha cambiado la naturaleza del poder? Veremos en los próximos apartados que, en efecto, no ha cambiado tanto y que, por consiguiente, el maquiavelismo no está para nada obsoleto.

III. DEL DEBER SER AL SER.
¿EL MAQUIAVELISMO DERROTA A LA UTOPÍA?

Antes de desgranar las ideas rectoras del maquiavelismo, debemos detenernos en uno de sus fundamentos: su alejamiento del *deber ser*. Me explico. A todos nos gustaría llegar a ser la mejor versión posible de nosotros mismos. Como habréis deducido del capítulo anterior, ese fue el objetivo de los estoicos o de otros pensadores como Platón.

---

[13] Roberto García García Jurado, «Maquiavelo y los Médicis», *Polis* 9, núm. 2 (2013): 151-75.
[14] Nicolás de Maquiavelo, *El Príncipe* (Santiago de Chile: Biblioteca Nueva, 2016).

Estos deseaban que, atendiendo a sus postulados éticos, sus lectores y discípulos nos elevásemos en lo posible más allá de nuestras imperfecciones, aproximándonos a sus arquetipos ideales de virtud, de bondad y de inteligencia. La filosofía moral que predicaban se enfocaba en el *deber ser*. Se centraron en realizar diagnósticos en torno a la naturaleza humana con la vocación de transformarla a mejor de acuerdo con sus estándares de perfección. No tenían por objeto analizar e instrumentalizar las ambivalencias del alma humana. Lo que deseaban, más bien, era potenciar las partes de la misma que ellos consideraban positivas. Este no solo fue el caso del platonismo o el estoicismo, sino de muchas otras tendencias filosóficas y religiosas que le dieron forma a civilizaciones enteras, como el confucianismo, el cristianismo o el islam, por mencionar solo unos pocos.

En ocasiones, las filosofías del *deber ser* se extrapolaban del terreno de la moralidad individual a la esfera de la política. Para algunos no bastaba con dictaminar cómo debíamos comportarnos para ser personas éticamente intachables; también quisieron determinar el modo en que debían organizarse las comunidades humanas para que sus miembros fuesen buenos, generosos y racionales en grado sumo. A estas proposiciones que aspiran a establecer un *deber ser* colectivo que roce la perfección las llamamos «utopías». En uno de sus libros más fascinantes, el sociólogo y urbanista Lewis Mumford nos da una lúcida definición del concepto y de sus móviles. Afirma que la palabra utopía «hace referencia al culmen de la locura o de la esperanza humanas, a los vanos sueños de perfección en la tierra de Nunca Jamás o a los esfuerzos racionales por reinventar el entorno del hombre y sus instituciones, e incluso su propia naturaleza imperfecta, con el fin de enriquecer las posibilidades de su vida en comunidad»[15].

A lo largo de su texto, Mumford deja en evidencia que los intentos históricos de diseñar utopías se corresponden con momentos de crisis civilizatoria y violencia. Platón elaboró su propuesta ideal de república para contrarrestar la decadencia de la democracia ateniense[16]. Robert Owen intentó crear comunidades socialistas autogestionadas al percibir cómo la explotación industrial conducía a la miseria de los

---

[15] Lewis MUMFORD, *The Story of Utopias: Ideal Commomwealths and Social Myths* (New York: Viking Press, 1962 [1922]), 2.

[16] Larry SIEDENTOP, *Inventing the Individual: The Origins of Western Liberalism* (Cambridge (Massachuset): Harvard University Press, 2014), 23-56. 2014.

trabajadores [17]. El propio Mumford reivindicó la capacidad transformadora de las utopías en la década de 1920, cuando la Gran Guerra acababa de poner patas arriba a todo el globo, desacreditando los órdenes sociopolíticos existentes y dando lugar a un deseo generalizado de crear mundos nuevos y mejores.

El concepto mismo de utopía se acuñó para imaginar alternativas frente a un período de crisis y violencia. Era el título de la obra que el filósofo inglés Tomás Moro publicó en 1516 [18]. El libro de Moro describía una isla ficticia en medio del océano en la cual los ciudadanos vivían en paz y armonía, dedicados al bien común y al cultivo de sus virtudes. Como muchos habréis notado, *Utopía* se publicó solo 3 años después que *El Príncipe* y por razones muy similares. Moro, al igual que Maquiavelo, quería afrontar desde la teoría los problemas políticos de un tiempo de tensiones sociales y de destrucción bélica. El inglés apostó por inventarse una ínsula maravillosa, un refugio imaginario que permitiese soñar con realidades alternativas a aquella tan infame que le tocaba contemplar. Su intento no constituyó un acto de evasión o de cobardía. Varios defensores de la utopía, como el mencionado Mumford, aducen que las ficciones utópicas que escribimos o dibujamos poseen un inmenso potencial liberador. Según ellos, nos regalan un *deber ser* cuya pretensión no es necesariamente materializarse, sino ayudarnos a ver el presente con lentes críticas e inspirarnos a luchar por un futuro mejor.

Ahora bien, más allá de estas indudables virtudes, las utopías esconden tras de sí dos peligros no menores. El primero consiste en un intento maximalista de ponerlas en práctica. El problema es que cuando un individuo o un grupo imaginan un horizonte utópico y perfecto y se empeñan en materializarlo, todo aquel que no esté de acuerdo con el mismo es susceptible de ser violentado, sometido o eliminado en nombre de su utopía. El filósofo Karl Popper enfatizó este peligro en su artículo «Utopía y violencia» y en su libro *La sociedad abierta y sus enemigos*, inspirados ambos en los horrores de la II Guerra Mundial [19].

---

[17] Robert OWEN, *The Book of the New Moral World: Containing the Rational System of Society, Founded on Demonstrable Facts, Developing the Constitution and Laws of Human Nature and of Society* (London: E. Wilson, 1836).

[18] Tomás MORO, *Utopía* (Madrid: Círculo de Bellas Artes, 2011).

[19] Karl R. POPPER, *La sociedad abierta y sus enemigos* (Barcelona: Grupo Planeta (GBS), 2010 [1945]); Karl R. POPPER, «Utopia and Violence», *World Affairs* 149, núm. 1 (1986 [1947]): 3-9.

El pensador austriaco adujo que toda utopía es un totalitarismo en potencia, ya que pretende que los seres humanos amolden su naturaleza a unos estándares de comportamiento inalcanzables. Estos habitualmente no se corresponden con leyes universales, sino con la voluntad subjetiva de quien elabora el mundo ideal. Popper aseveraba que si el nazismo, el fascismo y el comunismo soviético habían estado dispuestos a masacrar a sus opositores, era en buena medida debido a su utopismo; esto es, a su intento de diseñar sociedades que se sometiesen a sus aspiraciones ideologizadas. Cualquiera que se opusiera, por sus disposiciones afectivas o sus principios, al corporativismo nacionalista del fascismo o al igualitarismo estatista del comunismo podía ser legítimamente purgado. Popper, en línea con el argumentario del liberalismo, recomendó huir de la utopía y permitir que cada individuo dictase su propio *deber ser* de acuerdo con su conciencia.

Aplicad esta crítica de las utopías, por ejemplo, a la vida de una empresa, de un club de fútbol o de una familia. ¿Nunca os habéis encontrado con un perfeccionista empedernido o con alguien convencido con vehemencia de sus propios postulados morales y organizativos? Cuando un nuevo jefe llega a una oficina pretendiendo que todo debe de funcionar de acuerdo con un plan meticulosamente predefinido por él mismo, sin admitir variaciones y sin averiguar los defectos y limitaciones de sus trabajadores, el desastre suele estar servido. Su esquema mental puede ser magnífico: quiere que todos los miembros del equipo sean eficientes, solidarios y fieles a los objetivos. Desea que haya una estructura de tareas y de comunicación que funcione con fluidez y en la que todos sin excepción cumplan su rol, respetando a sus superiores, a sus subordinados y a sus pares. Además, supone que puede crear un ambiente de cordialidad, en el que los trabajadores sonrían, se relacionen con simpatía entre sí e incluso se amisten. Su meta es que se conviertan en una suerte de familia que identifique su felicidad personal con la del equipo y con la prosperidad del negocio.

Si estas premisas se cumplen, el nuevo jefe está seguro de que la productividad subirá como la espuma, y de que todos economizarán sus esfuerzos, llegando a ser más felices en el desempeño de sus funciones. Esta utopía de oficina se antoja atractiva, pero adolece de un pequeño problema: no se compadece de la realidad de las interacciones humanas. Pocos trabajadores tienen la disposición natural de acudir contentos y sonrientes a su puesto; varios tratarán de saltarse la estructura organizacional para hacer valer su criterio; algunos no lo pondrán todo de su parte para cumplir los objetivos del equipo; la mayoría no identificarán su dicha personal con la maximización de los resultados de la empresa. La utopía es irrealizable como tal y como mucho puede ser un horizonte ideal que inspire al jefe y a algunos de los empleados a dar lo mejor de sí.

Ante el fracaso de sus expectativas, el nuevo responsable tiene dos opciones. La primera sería maquiavélica. Consistiría en aceptar que sus trabajadores no son ángeles gregarios que vayan a renunciar a sus egoísmos e imperfecciones por el bien de la empresa. En tal caso, no se frustraría porque su plan inicial no se cumpliese mecánicamente. Acumularía experiencia, conociendo bien a cada miembro del equipo. Luego, merced a eso, aplicaría mecanismos de seducción —charlas motivacionales, subidas de sueldo, etc.— y fuerza —reprimendas, sanciones, avisos de despido— para que cada cual cumpliese su función lo mejor posible. Por supuesto, renunciaría a imponer el ambiente alegre que se había propuesto. Le bastaría con que una combinación de temor y de ilusión consiguiese que el equipo alcanzase sus metas. Esta sería la receta maquiavélica. Según la misma, los seres humanos podemos ser sociables y solidarios, pero también mezquinos, egoístas, quejicas y pedantes.

El amor y la concordia no se pueden mandatar. Por consiguiente, no es posible esperar que las comunidades humanas funcionen solo a base de estímulos positivos y esquemas utópicos. Maquiavelo nos diría que la fuerza, el castigo y la gestión de las imperfecciones individuales son esenciales para articular el poder. No se trataría, repito, de depender solo de estas, sino de combinar astutamente la persuasión y la represión para cumplir en lo posible los objetivos, aceptando que nuestros trabajadores no son ángeles, sino seres humanos que a veces tienden a la insolidaridad, el escaqueo y la ambición personalista. Solo una mezcla inteligente de palo y zanahoria, de castigo y de premio, puede hacer que cooperemos pacíficamente. Las utopías maximalistas, no.

La alternativa al maquiavelismo puede ser mucho más violenta que este. El nuevo jefe tendría una segunda opción, propia de la deriva negativa del utopismo. Podría decidir que quiere poner en práctica su plan a toda costa. Para ello, no tendría más remedio que establecer un régimen autoritario, vigilando a cada minuto que la gente sonriera, que fuese cordial con los compañeros y que trabajase «alegremente» sin descanso. Recordaría un poco a ese capítulo de Bob

Esponja en el cual una cadena de restaurantes adquiere El Crustáceo Crujiente —Crustáceo Cascarudo en Latinoamérica— y obligan al pobre Calamardo —un personaje triste y pesimista por naturaleza— a sonreír ante los clientes [20]. El fin es que estos últimos perciban que el establecimiento es un lugar feliz y deleitable. No se aleja mucho de la práctica de algunas cadenas de restauración reales, que obligan a sus trabajadores a bailar «alegremente» para generar un estímulo positivo en los comensales. Los ambientes utópicos se sustentan en formas de autoridad mucho más estrictas que las que defiende el maquiavelismo.

Pero volvamos a nuestra oficina imaginaria. Si el nuevo jefe decidiese imponer su plan utópico a toda costa, la apariencia del lugar sería casi paradisíaca: un equipo sonriente y dialogante de personas que respetan las normas y trabajan sin fatiga en aras del éxito del equipo. Sin embargo, sabemos que, bajo tal pátina, se ocultaría un sistema salvaje de opresión que, a la larga, terminaría por estallar en una rebelión o en una oleada de depresiones y despidos. El nuevo jefe habría fracasado estrepitosamente.

Podríamos decir que este fracaso se habría debido a varios problemas que arrastra nuestro personaje ficticio. Por un lado, sufre un cortocircuito ético propio del utopismo. En su anhelo de crear un mundo perfecto de acuerdo con su modelo abstracto de lo que es bueno y deseable, no respeta la voluntad individual de sus trabajadores, ni tampoco sus puntos de vista o deseos particulares. Su maximalismo le impide reconocer la otredad de quienes no se ajustan a sus estándares. Por consiguiente, ignora la dignidad inherente a todos los individuos dotados de una voluntad propia. Por otro lado, el jefe imaginario adolece de un problema estratégico: al no reconocer que todo equipo y grupo es una suma de voluntades disociadas, intentaría imponer su plan sin negociaciones y ello terminaría por generar descontentos y rebeldías. Su obsesión con alcanzar un horizonte ideal le impediría ver el suelo que pisa y esto comportaría un tropiezo seguro. Este personaje ficticio sería un jefe, porque ostenta tal cargo en el organigrama formal de la empresa; pero no sería un líder, ya que carece de las destrezas para utilizar estratégicamente su autoridad ins-

---

[20] «Vendiéndolo todo», *Bob Esponja* (United Plankton Pictures; Nickelodeon Productions, 2005).

titucional y para coordinar las voluntades de su equipo en aras de un proyecto común. Tendría el poder de la norma de su lado, pero no el poder que emana de la capacidad política de inspirar, atemorizar y movilizar a sus trabajadores.

El caso narrado nos sugiere algo interesante. Esto es, que la mayoría de los escenarios utópicos esconden tiranías subterráneas. Cuando todo el mundo se muestre totalmente feliz, motivado y disciplinado en aras de la comunidad, mejor echarse a temblar. Son muchos los casos históricos de sectas que exhibían una vida comunitaria ejemplar ante la opinión pública y que al final resultaron ser totalitarismos en miniatura. Pensad, por ejemplo, en Colonia Dignidad, un enclave agrícola de fieles alemanes que se radicaron en Chile. Su líder era un hombre que se pretendía un verdadero santo, el predicador Paul Schäfer. El historiador Tomás Villarroel nos narra cómo, durante varias décadas, esta colectividad se presentó ante todos como un dechado de virtud, de piedad religiosa y de productividad. Sin embargo, con la llegada de la democracia al país andino, se descubrió que la disciplina y la armonía de los colonos encubrían un sistema draconiano de abusos psicológicos, vejaciones sexuales e incluso torturas [21].

El símil fílmico podríamos encontrarlo en *Toy Story 3* [22]. Cuando Woody, Buzz Lightyear y los otros juguetes de Andy llegan a la guardería Sunnyside, se encuentran con un sistema utópico encabezado por el oso Lotso. Este lidera a una comunidad de juguetes que afirman vivir felizmente con los niños de este jardín de infancia. Pronto descubrimos que bajo tanta alegría subyace un engranaje perverso, en el que los juguetes privilegiados obligan a los recién llegados a permanecer en el aula de los niños más pequeños, que les utilizan salvajemente. Mientras, ellos se quedan con los niños mayores, que les tratan con delicadeza y cariño. El sistema no se sostiene voluntariamente, por supuesto. Nadie acepta sacrificar por completo su felicidad personal en aras de un orden preestablecido. La utopía del oso Lotso se cimienta sobre el terror más puro y duro.

---

[21] Tomás VILLARROEL, «Un enclave de indignidad. La fuga de Wolfgang Müller y los primeros años de Colonia Dignidad en Chile (1961-1966)», *Historia (Santiago)* 53, núm. 2 (diciembre de 2020): 661-90; Tomás VILLARROEL, «Imaginarios de un idilio agrícola: Colonia Dignidad en la prensa escrita después de las denuncias de Amnesty International», *Anales de Literatura Chilena*, núm. 40 (11 de diciembre de 2023): 209-27.

[22] *Toy Story 3* (Pixar Animation Studios; Walt Disney Pictures, 2010), 3.

Ante estos casos, quiero pensar que Maquiavelo esbozaría una sonrisa. No se sorprendería de que toda utopía encubriese una falsedad, puesto que para él es fútil huir de la realidad de lo que somos. Le habrían gustado películas como *Canino*[23] o *Capitán Fantástico*[24]. En estas, unos padres deciden aislar a sus hijos de un mundo exterior que consideran se ha corrompido. Al intentar convertir a sus familias en un enclave utópico de virtud y de felicidad, enclaustrado de la realidad que las circunda, terminan por generar profundas patologías en las mismas. Nadie en este mundo puede huir de la realidad de lo que somos. Esa es una de las premisas más importantes de *El Príncipe*.

Existe otro problema de las utopías que es más prosaico, pero que se correlaciona con los ejemplos que acabo de exponer. La cuestión es que cuando nos obsesionamos con cómo *deberíamos comportarnos* de acuerdo con elevados modelos éticos, en muchas ocasiones nos olvidamos de cómo *somos realmente*. Dicho de otro modo, ¿de verdad podemos llegar a vivir como los guardianes de Platón o los *hombres nuevos* del fascismo y el comunismo soviético?, ¿de verdad podemos renunciar a nuestras pulsiones egoístas para dedicar nuestra vida a un proyecto de supuesto bien colectivo y de disciplina comunitaria? Planteado de manera más sencilla: ¿de verdad somos capaces de cambiar las dimensiones «negativas» de nuestra naturaleza humana?

Maquiavelo no era totalmente pesimista a este respecto y en algunos libros, como los *Discursos sobre la Primera Década de Tito Livio*, abogó por la promoción de instituciones y valores que podían perfeccionar la moral de los ciudadanos[25]. Sin embargo, el florentino no era un utopista, sino un posibilista. No creía que se pudiera alterar quirúrgicamente la naturaleza humana de acuerdo con esquemas filosóficos que pretendiesen convertirnos en ángeles. Creía que, como precondición para definir nuestro *deber ser*, era necesario comprender nuestro *ser*. Su libro *El Príncipe* no inventaba una sociedad ficticia a la que emular, como lo haría tres años más tarde el de Moro. Por el contrario, se atrevía a explicar descarnadamente cómo se comportan *de facto* los seres humanos cuando viven en sociedad. Esto constituía

---

[23] *Canino* (Boo Productions, Greek Film Center, Horsefly Productions, 2009).

[24] *Captain Fantastic* (Electric City Entertainment, ShivHans Pictures, 2016).

[25] Nicolás DE MAQUIAVELO, *Discursos sobre la primera década de Tito Livio*, ed. Ana Martínez Arancón (Madrid: Anaya, 2000).

una novedad radical respecto del idealismo de las corrientes filosóficas anteriores. Al menos así lo declaró el propio Maquiavelo en su obra:

> Y muchos se han imaginado repúblicas y principados que nunca se han visto ni se ha sabido que existieran realmente; porque hay tanta distancia entre cómo se vive y cómo se debería vivir que quien deja de lado lo que se hace por lo que se debería hacer aprende antes su ruina que su preservación: porque un hombre que quiera hacer profesión de bueno en todo, inevitablemente labrará su ruina entre tantos que no son buenos[26].

La claridad de este pasaje es total: las utopías nos alejan del conocimiento efectivo de lo que somos y nos conducen a errores interpretativos que nos privan del éxito mundano. Maquiavelo transita de la filosofía del deber ser a la filosofía del ser. En *El Príncipe* renuncia a la filosofía moral como tal. La cuestión de cuáles deben ser las elecciones personales de los seres humanos en lo que concierne al bien y al mal se convierte en algo secundario. Maquiavelo no cree, como sus predecesores platónicos y aristotélicos, que la filosofía política sea una extensión de la moral y que su fin primero sea lograr que los miembros de la comunidad sean buenos y virtuosos.

El filósofo italiano independiza, por lo tanto, a la filosofía política de la ética y le da un fin exclusivo: lograr que, tomando en cuenta la psicología egoísta e irascible que a veces nos caracteriza, las comunidades humanas articulen sistemas estables y sólidos de autoridad. Es decir, el florentino desea que sus lectores aprendan a gestionar el poder para crear jerarquías y redes de influencia que les permitan convivir y cooperar. *El Príncipe* es un manual que renuncia a dictarnos un deber moral para entregarnos, a cambio, una ciencia del poder. Por ello, en opinión de expertos como Pablo Simón[27] y Antonio Hermosa[28], el maquiavelismo supone un salto del idealismo ético al realismo interpretativo.

---

[26] MAQUIAVELO, *El Príncipe*, 13.
[27] Pablo SIMÓN, *El príncipe moderno: Democracia, política y poder* (Madrid: Debate, 2018).
[28] Antonio HERMOSA ANDÚJAR, «La actualidad del pensamiento político de Maquiavelo», *Co-herencia* 10, núm. 19 (diciembre de 2013): 13-36.

IV. ¿ES BUENO SER MALO?

Los imaginarios populares asocian a Maquiavelo con la justifica-
ción de la maldad, pero esto es inexacto. Él no pretende que no seamos buenos, sino que parte del hecho empírico de que muchas veces
no lo somos. Con tal de imponer nuestra voluntad a los otros incu-
rrimos en actos inmorales o amorales. El florentino explica sin estridencias lo que un individuo debe hacer para maniobrar con éxito en
el seno de esa realidad conflictiva que nos viene dada. Esto no quiere
decir que una vez se haya impuesto nuestra autoridad, no podamos
dedicarnos a cultivar nuestras dotes éticas. Es más, de sus textos se in-
tuye que Maquiavelo piensa que será más plausible que florezcan las
virtudes morales cuando exista un poder fuerte y estable: es mucho
más difícil ser bueno en medio de una guerra de cárteles del narco que
en un país pacífico, férreamente vigilado por la policía; es mucho más
complicado ser un compañero solidario, bienintencionado y colabora-
tivo en una empresa desordenada y caótica —donde prima el «sálvese
quien pueda»— que en una que cuente con liderazgos sólidos, que
definan metas comunes y distribuyan bien las tareas.

Pongamos nuevos ejemplos. Es difícil imaginar que un profesor de
colegio o de instituto pueda transmitirles sus saberes a sus estudiantes
sin que exista una estructura de poder que les impela a la escucha y a
cierto grado de obediencia. Es cierto que algunos paradigmas pedagógi-
cos privilegian la autonomía de los niños en los procesos de aprendizaje.
Sin embargo, ningún método de enseñanza se atreve a borrar las barreras y prerrogativas que le confieren autoridad al profesor. Esto se debe a
que, en algún grado, los sistemas educativos se basan en una experiencia
empírica —devenida en sentido común— que nos demuestra que los
niños y adolescentes son a veces indolentes, perezosos, egoístas y hasta
violentos con sus semejantes. De ahí que, como precondición para que
en ellos prevalezca su dimensión más sociable e interesada en el saber,
se establezca como necesario generar una relación desigual de poder, en
la cual la promesa de un castigo por parte del profesor mantenga a raya
el lado más «bestial» de los estudiantes. ¿Podría un profesor lograr que
todos ellos se centrasen en las actividades de aprendizaje si no contase
con instrumentos coercitivos como el parte disciplinario, la llamada a
los padres, la expulsión de clase o la mala nota?

Es cierto que en Occidente ya no se aceptan por lo general los re-
glazos y las collejas, pero todas las herramientas de castigo que hemos

mencionado implican dosis importantes de violencia no física, ya que pueden conllevar importantes daños vitales. No nos engañemos. Calificar negativamente un examen puede impedir que el damnificado pase de curso, condicionando su existencia. Por ende, repito, ¿podría lograrse que todos los estudiantes aprendiesen sin esos instrumentos coactivos?

Cualquier docente con un mínimo de experiencia en el aula sabe que no. Si careciese de la capacidad de castigar, seguro que un profesor podría conseguir que muchos alumnos le prestasen atención a los contenidos. Pero el conocimiento empírico nos demuestra que algunos otros dedicarían la clase a cultivar inclinaciones que Maquiavelo calificaría de «bestiales»: unos se echarían a correr por los pasillos, otros jugarían a golpearse, varios comenzarían a escribirle notas amatorias a la chica o el chico que les atrae y un largo etcétera. El príncipe, en este caso el profesor, debe crear un centro de autoridad, combinando la fuerza —los castigos— con la seducción —el atractivo de las lecciones, los premios, el valor mismo del saber—. Ello a fin de diseñar una arquitectura estable de poder que le permita cumplir sus fines. En este caso la política precede a la ética: sin poder no funciona la clase, sin poder no se transmite el saber; sin autoridad no se puede formar a los estudiantes como ciudadanos buenos e inteligentes. En esto, los sistemas educativos son rotundamente maquiavélicos.

Se podría aplicar el mismo axioma a casi cualquier instancia de la vida social que requiera de cooperación y, por ende, de liderazgo. Por ejemplo, ¿qué tal lo haría el entrenador de un equipo de fútbol o de baloncesto si no contase con el derecho de castigar a los jugadores? Pues, de nuevo, si el equipo estuviera compuesto por ángeles o por guardianes platónicos no tendría ningún problema: ellos mismos autogestionarían su disciplina, persiguiendo sus metas compartidas sin atender a sus querencias particulares. Todo ello movidos por su racionalidad y sus buenos sentimientos. El problema es que los jugadores son, de acuerdo con los postulados antropológicos de Maquiavelo, algo mucho más complejo que un ángel. Junto a su racionalidad y a su espíritu de equipo nos encontraremos sus egos desmedidos, sus ganas de salir de fiesta o sus ansias de dormir más de la cuenta. El miedo al castigo, que no el castigo constante, es un instrumento indispensable para que el entrenador neutralice sus pulsiones bestiales y canalice sus energías hacia un fin colectivo: el triunfo deportivo del equipo.

Por supuesto, la mayoría convendréis en que lo mejor sería que el entrenador lograse que fuesen buenos jugadores solo con incentivos positivos. A Maquiavelo también le encantaría que así fuese. Pero, tras su observación sistemática del comportamiento humano, concluye que esto no es posible. El entrenador o el profesor no pueden conformarse con ser amados. Los docentes y managers «buena onda» pueden tener éxito en contextos muy concretos y por un tiempo limitado, pero la ausencia de temor a alguna penalización merma su autoridad ante aquellos a los que entrenan o instruyen. El que desee articular una red cooperativa orientada a fines comunes, debe ser temido a la par que amado. La autoridad deriva de la fuerza y de la persuasión, del miedo y de la ilusión. Sin alguno de estos elementos, queda tullida, incompleta, inoperante. Esta premisa maquiavélica es fundamental y se basa en una lectura parcialmente pesimista de la naturaleza humana, que asume que ninguna filosofía ni religión en el mundo pueden domesticar a la bestia que llevamos dentro.

En esto Maquiavelo es más o menos cercano a Thomas Hobbes, el filósofo inglés que, durante la guerra civil que asoló a su reino en pleno siglo XVII, sostuvo que los humanos somos egoístas y violentos por naturaleza[29]. Por consiguiente, la existencia de un Estado absolutista, el llamado *Leviatán*, era necesaria para evitar que nos robásemos, violásemos y asesinásemos mutuamente. El Leviatán, el gobierno, es el poder inconmensurable que emerge para atemorizarnos a todos, obligándonos a ser pacíficos. Maquiavelo nunca llegó a los extremos de Hobbes. Para él el poder nunca es absoluto, sino relacional. El *Príncipe* debe alternar constantemente la seducción y la fuerza, ganándose a unos grupos y sometiendo a otros, para de ese modo mantener sus prerrogativas. Lo que para Hobbes debe ser una brutal imposición, para Maquiavelo solo puede ser un juego dinámico de violencias, premios y acuerdos.

Ahora bien, el florentino dista mucho de ser un anarquista. Los representantes intelectuales del anarquismo, como Proudhon y Bakunin, sostienen que la maldad humana no es natural, sino que proviene, precisamente, de los aparatos de poder artificiales que fueron dando lugar al Estado moderno[30]. Para ellos, que eran seguidores de la teoría de Rousseau al respecto, la humanidad vino al mundo buena y fue

---

[29] Thomas HOBBES, *El Leviatán* (Ediciones Tácitas, 2017).
[30] Ruth KINNA y Alex PRICHARD, «Anarchism and non-domination», *Journal of Political Ideologies* 24, núm. 3 (2 de septiembre de 2019): 221-40; Michael NEWMAN, *Socialism: A Very Short Introduction* (Oxford University Press, 2020).

corrompida por la civilización. Según su juicio, si una colectividad humana se desprendiese de todo el sistema de leyes, costumbres y dispositivos de control que conlleva la estatalidad, podría autogestionarse y cooperar sin necesidad de violencia, de miedo o de jerarquías estrictas. El anarquismo liberal cultivado por autores como Murray Rothbard o por políticos como Javier Milei sostiene doctrinas similares. La única diferencia con el anarquismo socialista de Proudhon y Bakunin, es que estos no creen que el ser humano sea solidario e igualitario por naturaleza. Sin embargo, consideran que, en ausencia de poderes verticales, los individuos egoístas generarán paz y bienes comunitarios gracias a las interdependencias creadas por el mercado[31].

Maquiavelo, como ya hemos visto, consideraría que estos planteamientos no se sostienen ante cualquier observación sostenida del comportamiento humano. La ausencia de estructuras de poder e instrumentos de coerción no llevaría en ningún caso a la paz y a la felicidad, sino al caos y la violencia generalizada. Bajo este supuesto subyace una teoría más profunda, que establece que el poder nunca desaparece, sino que se transforma. Cuando el gobierno, el profesor, el entrenador o el jefe de la empresa salen de la ecuación, siempre hay varios actores que ansían ocupar su posición de privilegio. Esto no es problemático cuando alguien lo consigue con celeridad. Pero sí lo es cuando quienes aspiran a llenar un vacío de poder se inmiscuyen en enfrentamientos prolongados y, entonces, normalizan la violencia bruta.

Películas brasileñas como *Ciudad de Dios*[32] o *Tropa de élite*[33] nos reflejan cómo cuando un Estado falla a la hora de imponer su autoridad por medio de un sistema policial fiable, surgen las mafias. Estas, que en estos filmes extraen sus recursos del narcotráfico, no son meros grupos criminales, sino verdaderos príncipes que ejercen el poder supremo en los barrios vulnerables, las favelas. Su función va más allá

---

[31] Saul NEWMAN, «The libertarian impulse», *Journal of Political Ideologies* 16, num. 3 (1 de octubre de 2011): 239-44; Alfredo GONZÁLEZ MARTÍNEZ, «El anarquismo», en *Ideas y formas políticas: del triunfo del absolutismo a la posmodernidad*, ed. Pedro Carlos González Cuevas y Ana Martínez Arancón (Madrid: UNED, 2014), 323-36.

[32] *Ciudad de Dios* (O2 Filmes, VideoFilmes, Globo Filmes, Wild Bunch, Lumière, Studiocanal, Hank Levine Film, Lereby Produções, 2002).

[33] *Tropa de élite* (Zazen Produções, Feijão Filmes, The Weinstein Company, Estúdios Mega, Universal Pictures, Costa Films, Quanta Centro de Produções Cinematográficas, 2007).

de la venta de droga. Utilizan a sus matones para mantener el orden, impedir el robo e impartir justicia. Al mismo tiempo, usan sus recursos para proveer a sus acólitos de bienes públicos, como equipos para las escuelas o servicios médicos. Este patrón explica asimismo la influencia que adquirieron algunos narcotraficantes reales, como el colombiano Pablo Escobar, un verdadero príncipe maquiavélico en los territorios que controlaba.

El problema cuando se dan estas dinámicas viene del hecho de que las mafias son poderes débiles e inestables y, cuando otra mafia les disputa el área de influencia, la violencia más salvaje se vuelve crónica. Ese es el verdadero mal de los Estados fallidos, según sentenciaron los politólogos Acemoglu y Robinson en su libro *Por qué fracasan los países*[34]. Esto es, estos Estados fracasan por su incapacidad para concentrar y gestionar el poder; así como por el margen que dejan para que una miríada de poderes violentos, opacos y dispersos proliferen. Maquiavelo estaría de acuerdo con Acemoglu y Robinson y haría extensivo el diagnóstico a muchas otras esferas de la realidad. El profesor fallido, el entrenador fallido, el empresario fallido o los padres fallidos: todos tendrían, a su juicio, un problema para articular el poder.

V. SOMOS CENTAUROS. ¿CÓMO SACAR PARTIDO DE NUESTRA BESTIALIDAD?

Como vemos, aunque los estudiosos tienden a asociar el maquiavelismo con el Estado —que fue lo que de hecho centró la atención del autor—, en realidad el mismo es un sistema de pensamiento aplicable a toda esfera de la realidad social donde se den relaciones de poder. Es decir, el maquiavelismo puede operar en casi cualquier esfera de nuestra cotidianeidad: la familia, las empresas, los clubes deportivos, los grupos de amigos, el mercado, etc. Su utilidad es tan universal porque, en última instancia, versa sobre las pulsiones psicológicas innatas que hacen que propendamos a ejercer el poder sobre nuestros semejantes.

Por todo lo dicho hasta aquí, muchos ya habréis deducido en qué consiste la psicología humana según Maquiavelo. El propio autor lo resumió con una metáfora muy elocuente en el capítulo XVIII de *El*

---

[34] Daron ACEMOGLU y James A. ROBINSON, *Por qué fracasan los países los orígenes del poder, la prosperidad y la pobreza* (Barcelona: Ed. Deusto, 2014).

Príncipe: somos, en realidad, como los míticos centauros, mitad hombre y mitad bestia. Con esto Maquiavelo se refiere a la dualidad que divide nuestra naturaleza virtuosa y nuestra naturaleza viciosa, como lo hiciera Aristóteles. Pero, al contrario que el griego, el florentino no espera que la primera domine en plenitud a la segunda. Maquiavelo piensa que no debemos anular nuestras pulsiones violentas, iracundas o egoístas, sino utilizarlas en nuestro favor. El buen príncipe, según su juicio, debe usar las leyes —expresión de la razón— y la fuerza —expresión de la bestialidad— para triunfar en su carrera hacia el poder.

¿Qué quiere decir con esto? Que todo aquel que aspire a concentrar una cuota de autoridad significativa debe saber usar en su favor las cualidades bestiales que posee. Algunas de ellas, asociadas por Maquiavelo metafóricamente con el león, comprenden las derivadas de la fuerza desnuda o el «poder duro». Por ejemplo, en el caso de un gobernante, las herramientas del león incluirían el uso de la violencia militar y policial o mecanismos como la pena de muerte o el escarnio público. En el CEO de una empresa, las cualidades leoninas serían distintas. Comprenderían su potestad para imponer penalizaciones a los trabajadores o las broncas que les pueda proferir frente a sus compañeros.

El otro conjunto de dones bestiales que identifica Maquiavelo son los que asocia metafóricamente con el zorro. Son los que se desprenden del «poder blando»[35] o de la influencia ejercida por medios sutiles, aunque inmorales. Destacan la mentira y la manipulación, asociadas con la astucia. Maquiavelo considera deseable que un príncipe mienta y manipule a sus súbditos cuando lo estime oportuno para reforzar su imagen o sostener su autoridad. Del mismo modo, ve con buenos ojos que el soberano juegue a dividir entre sí a sus potenciales enemigos, utilizando chismes que generen fricciones entre ellos.

Maquiavelo aprobaría igualmente que unos padres le mintiesen a su hijo para modular su comportamiento. Supongamos que estos no desean que el niño baje al sótano de la casa, que está atiborrado de clavos sueltos y otros peligros. ¿Os parece intuitivamente malo que, dado que al niño le encanta explorar y es desobediente, sus progenitores le

---

[35] Este concepto lo acuñó el estudioso de las relaciones internacionales Joseph Nye: Joseph NYE, *Soft Power: The Means to Success in World Politics* (New York: Public Affairs, 2004).

digan que en el sótano vive un monstruo terrible que le devorará si se adentra en sus dominios? A Maquiavelo esta mentira le parecería excelente, siempre que sea útil para hacer valer la voluntad de los padres y la autoridad familiar. Por supuesto que el florentino preferiría que se evitase llegar al extremo de contar un cuento terrorífico si se lograse razonar con el niño. Pero de ser esto último imposible, no descartaría el uso del miedo.

¿Sería positivo para Maquiavelo que empleásemos las técnicas del zorro en el trabajo o en un grupo de amigos? Siendo más específico, ¿aprobaría Maquiavelo que mintiésemos y manipulásemos a nuestros semejantes para que nos percibiesen con mayor amabilidad?, ¿vería con buenos ojos que nos mostrásemos cordiales con nuestros rivales de la oficina para luego traicionarles?, ¿aplaudiría que les engañáramos para dividirles entre sí? La respuesta es simple: siempre que lo veamos desde unos lentes políticos, será adecuado usar herramientas inmorales. Dicho de otro modo, siempre que mis acciones me conduzcan a obtener y conservar poder, son «virtuosas» desde el punto de vista maquiavélico. Solo estaría mal manipular y mentir a mis rivales en la oficina si lo hago estratégicamente mal. Imaginemos que mi astucia me ayuda a conseguir un ascenso. Pero, una vez que lo he hecho, me he enemistado con todo el personal debido a mis manipulaciones masivas y manifiestas. De tal modo, no seré respetado por mis inferiores y, al no poder incentivar su productividad, seré despedido. Aquí el problema, siempre según Maquiavelo, no es en sí usar la manipulación y la mentira, sino emplearlas de modo tan indiscriminado y torpe que me quedo sin aliados. Este es un uso necio de las herramientas del poder, un «pecado», pero no moral, sino un «pecado de príncipe»: un error estratégico.

Algunos ya os estaréis frotando los ojos o llevándoos las manos a la cabeza. Es legítimo que os preguntéis si os habéis comprado un manual filosófico de resistencia para que os diga que está bien mentir, manipular y hasta extorsionar con tal de obtener poder. Tengo varias salvedades que haceros al respecto. En primer lugar, repito el mantra de este libro. Exponiendo las ideas del maquiavelismo no pretendo que os convirtáis en maquiavélicos ortodoxos. Hay pocas cosas más antifilosóficas que alguien que se casa con un sistema de pensamiento y lo acepta como un dogma. Las proposiciones contenidas en *El Príncipe* son solo una herramienta más, un prisma entre varios otros para contemplar las leyes ocultas que rigen nuestra vida. Entender que las relaciones interpersonales están determinadas por nuestra voluntad de poder no es malo. Conocer las estrategias sugeridas por el pensador florentino para sacarle el máximo partido a esas relaciones tampoco es malo. De ahí a que actuemos maquiavélicamente en toda circunstancia hay un abismo. Nuestro juicio y todos los sistemas de creencias alternativos y/o complementarios que tenemos a nuestra disposición nos permiten elegir cuándo queremos ser maquiavélicos.

Hay otro matiz importante. Maquiavelo escribió *El Príncipe* pensando específicamente en los príncipes nuevos. Esto es, en aquellos que, como Lorenzo II de Medici, han accedido de una forma súbita y cuestionable al poder y que, por lo tanto, se hallan en una situación de fragilidad, rodeados de enemigos y carentes de apoyo. El autor florentino daba por sentado que los gobernantes solo debían desplegar un grado verdaderamente notable de brutalidad y astucia en este tipo de situación. Una vez lograsen consolidar su posición, estas armas dejarían de ser necesarias, ya que entonces los príncipes podrían apelar a las inercias de la costumbre y de la ley.

Con sus enemigos derrotados, con sus súbditos aterrorizados o cautivados y con su autoridad reconocida, el príncipe maquiavélico podría comenzar a ser bueno, justo y piadoso. Es más, dado que su victoria se habría consumado, poco importarían los crímenes que hubiera cometido para lograrlo. Su poder le daría la capacidad de controlar el relato sobre el pasado que le llegase a la población. Sería fácil patrocinarse a sí mismo como un héroe, sobre todo si conseguía que su mando trajese consigo tiempos de prosperidad. Algo de cierto hay en esto. ¿De qué nos acordamos más hoy en día?, ¿de las atrocidades que Alemania cometió en las guerras mundiales, o de las que también cometieron Estados Unidos y la Unión Soviética? Lo cierto es que estas tres potencias perpetraron crímenes terribles, pero tenemos mucho menos presentes los de las últimas por una razón muy sencilla: Alemania perdió, ellas ganaron. En resumen, de acuerdo con Maquiavelo, todos los actos inmorales quedan validados en el momento en que logramos conquistar el poder, conservarlo y dotarlo de estructura. Es evidente que nada de esto resuelve el problema desde el punto de vista moral: las atrocidades son atrocidades. Pero repito que *El Príncipe* versa sobre el poder político como una esfera autónoma de la ética. En este aspecto, lo único que cuenta es la percepción retrospectiva de la bondad principesca y esta deriva directamente de su capacidad para imponer su propaganda.

Estoy casi seguro de que algunos lectores seguís considerando que el maquiavelismo no es más que una suma de atrocidades teóricas que nos invitan a ser malvados. Sin embargo, os preguntaré algo. Si trabajaseis en una gran empresa que tuviese que sobrevivir en un mercado global hiper-competitivo, ¿preferiríais tener como CEO a un sujeto maquiavélico o a un hombre bueno y virtuoso incapaz de ejercitar su parte «bestial»? Convendréis en que para lograr medrar en un entorno tan hostil como el mercado capitalista mientras se coordina a miles de trabajadores cualidades como la sapiencia, la mesura y la generosidad no bastan. La agresividad y la astucia se antojan muy necesarias para liderar un negocio multimillonario, conservando la autoridad en el seno del mismo y prosperando frente a los competidores. Por más que la auto-propaganda de algunos grandes empresarios tecnológicos nos muestre la cara más desenfadada de estos, lo cierto es que este fenómeno probablemente se acerca más al mantenimiento de las apariencias que predica Maquiavelo que a la verdad desnuda.

Cuando hablamos de padres, de profesores o de entrenadores, ¿seguro que queremos que estos sean seres angelicales que no incurran en ningún tipo de violencia?, ¿es posible criar a un buen hijo, educar a un buen alumno o entrenar a un buen jugador sin una sana pizquita de maquiavelismo? La experiencia nos dice que cuando unos padres renuncian a ejercer el poder duro sobre sus hijos, no imponiéndoles prohibiciones ni castigos, estos últimos tienden a convertirse en tiranos. Desacostumbrados a la coerción de sus progenitores, su parte bestial tiende a desbocarse, sus vicios se multiplican. Al final, son los propios niños los que intentan ejercer el dominio en la esfera doméstica, sometiendo a sus padres.

Cualquier visionado del fascinante reality show *Supernanny* nos hace partícipes de esta verdad [36]. La niñera que acudía a los hogares desestructurados que aparecían en el programa se dedicaba, básicamente, a aleccionar a los desesperados padres de muchachos y muchachas incontrolables sobre cómo recuperar su situación de primacía. Sus consejos podrían estar perfectamente sacados de *El Príncipe*. *Supernanny* les invitaba a mezclar el castigo, las premiaciones y la astucia manipulativa para lograr la mansedumbre del joven. La combinación

---

[36] La versión española: *Supernanny* (Magnolia TV, 2017 de 2006).

de la fuerza y la persuasión siguen antojándose indispensables para triunfar en la empresa de la paternidad, que no deja de constituir un ejercicio complejo de gestión de la autoridad. Esto nos conduce a una conclusión: en ocasiones el maquiavelismo genera un bien mayor que los maximalismos éticos o que los pacifismos exacerbados.

Invoquemos un ejemplo cinematográfico que a su vez ilustra a la perfección un evento histórico. Hablo de la película *Lincoln*, de Steven Spielberg[37]. La trama nos ilustra los días más decisivos de la vida política del presidente estadounidense. La acción se sitúa en medio de la guerra civil que enfrentó al sur esclavista con los Estados del norte (1861-1865). Lincoln —magníficamente interpretado por Daniel Day-Lewis— debe lograr que el Congreso de la Unión apruebe la Decimotercera Enmienda, que sanciona legalmente el fin de la esclavitud. Su aspiración es que esto se lleve a término antes de que el Norte alcance una victoria total sobre el Sur, para que cuando los representantes de este último se reincorporen al sistema político, el esclavismo ya esté extinto. Sin duda, la meta de Lincoln es noble y virtuosa. El fin de la explotación inhumana de las masas de afrodescendientes que trabajaban en las plantaciones del país es, casi de forma evidente, algo que habría aprobado cualquier utopista o moralista. Ahora bien, el presidente tiene ante sí un escenario que trasciende con mucho el terreno de la ética. Varios grupos de poder de la Unión se oponen de forma cerril a acabar con la esclavitud y algunos de ellos son sus propios aliados de partido.

¿Cómo logra el Lincoln de la película recabar los apoyos para que la Decimotercera Enmienda salga adelante? Pues de una manera muy parecida a la del Lincoln histórico. No lo hace persuadiendo a los diputados contrarios a la abolición con buenas palabras ni con amables caricias. No lo hace apelando a su razón y a su virtud. Sería ingenuo pensar que los grupos de poder pueden renunciar a sus intereses económicos y políticos solo por medio de la seducción discursiva o el convencimiento moral. Entonces, ¿cómo lo logra Lincoln? Pues la película nos muestra cómo el presidente se dedica sin descanso a extorsionar, chantajear, sobornar, amenazar, manipular y seducir a los

---

[37] *Lincoln* (20th Century Fox, DreamWorks SKG, Amblin Entertainment, The Kennedy/Marshall Company, Participant Media, Reliance Entertainment, Dune Entertainment, 2012).

diputados que se niegan a cumplir su voluntad. Resulta que una de las mayores consecuciones éticas de la historia estadounidense, la liberación de millones de personas de las cadenas del trabajo esclavo, se alcanzó gracias a la aplicación de los dictados del realismo maquiavélico.

Lincoln utilizó las máximas de *El Príncipe* para obtener la victoria en el juego de poderes e intereses que siempre es la política. Sin duda, para ello se alejó de los estándares morales de cualquier filosofía o religión que predicase un *deber ser* estricto. Sin embargo, pudo hacer un inmenso bien precisamente gracias a que acopió el poder suficiente para hacerlo. De no haber optado por el maquiavelismo, Lincoln habría pasado a la historia como aquel que quiso abolir el esclavismo sin conseguirlo. Es muy probable que, en tal circunstancia, su recuerdo público fuese endeble y su legado, inane y triste. Moraleja: si no tomamos en cuenta que el mundo se rige por relaciones de poder y que los dictados de Maquiavelo nos ayudan a desentrañar su lógica, difícilmente podremos obtener los resultados que nos proponemos, incluso cuando estos se guíen por criterios nobles y éticos. Nunca está de más ser un poco maquiavélico si uno quiere provocar cambios positivos en el mundo.

VI. MIRA ATRÁS Y ENCONTRARÁS AL FUTURO. ¿CÓMO CONQUISTAR EL PORVENIR?

Si algún día acudís a la *National Gallery* os toparéis con un cuadro de Tiziano de lo más fascinante. Se titula *Alegoría de la Prudencia*. El pintor veneciano, que vivió en la misma época que Maquiavelo —aunque fuese más joven y mucho más longevo—, plasmó en esta obra de arte algunos conceptos nucleares de la teoría política del florentino. Contemplemos el óleo de Tiziano. En él aparecen los rostros de tres hombres. Uno de ellos es un anciano, el otro es maduro y el otro joven. Cada rostro apunta en una dirección distinta. El viejo mira a la izquierda, el hombre maduro nos mira de frente —ligeramente en diagonal— y el joven mira a la derecha. Bajo cada uno de sus semblantes encontramos las cabezas de tres animales. Un lobo escolta al anciano, un león al tipo maduro y un perro al adolescente. Como es lo habitual en las alegorías, que son concatenaciones de metáforas, el significado de la pintura no es evidente por sí solo y aún menos para un espectador del siglo XXI.

Ahora bien, el título nos da una pista. El lienzo declara ser una alegoría de la prudencia. Sabemos que el término de prudencia, en la tradición aristotélica, hace referencia a la habilidad para comprender los fenómenos que no atienden a patrones unicausales ni mecánicos. Es decir, es un tipo de juicio que se dedica a interpretar realidades contingentes y esquivas, que no son susceptibles de ser expresadas mediante una fórmula matemática o un teorema. Tal modalidad de pensamiento tiene un valor específico cuando se trata de entender los asuntos humanos. Como no somos autómatas programables, podemos asumir que la explicación de nuestros comportamientos no puede basarse en modelos matemáticos. Para entenderlos se requiere del acopio de experiencias particulares y de un análisis específico de los impulsos, sentimientos y lógicas que las encuadran. Lo mismo sucede con la fortuna, esa suma de fuerzas tan diversas que incluye la concatenación caótica de voluntades humanas, los fenómenos naturales aleatorios y un largo etcétera de hechos impredecibles.

La prudencia, como el modo de raciocinio que discurre sobre los eventos particulares a partir de la experiencia, es la herramienta más afinada para entender las cosas humanas y la incidencia que la voluntad y la fortuna tienen en las mismas. La prudencia es la simiente de nuestro juicio práctico, es decir, la que nos dicta lo que debemos decidir en cada contexto determinado. Por consiguiente, también es el instrumento más sofisticado para tomar decisiones correctas si es que aspiro a que mi voluntad prevalezca ante las incertidumbres que traen consigo los asuntos interpersonales. Tanto Tiziano como Maquiavelo compartían esta convicción, al igual que muchos pensadores renacentistas que se habían empapado de aristotelismo. Es muy cierto que para Aristóteles la prudencia era un concepto esencialmente moral: la capacidad de producir el mejor juicio práctico para actuar de forma moralmente óptima en cada circunstancia. En *El Príncipe* Maquiavelo, sin embargo, cobra un sentido estratégico y se convierte en el juicio práctico que sirve para conseguir nuestros fines políticos.

¿Pero cuáles son los manuales en los que se aprende prudencia? Aquí Tiziano y Maquiavelo también bebían de una misma fuente doctrinal: la teoría de la historia *magistra vitae* o la historia como maestra de vida. Popularizada por el pensador romano Cicerón, esta sostenía que la mejor estrategia para llegar a ser prudente, tomando buenas decisiones en todo lo concerniente a la política y al poder, era nutrirse de las experiencias de las generaciones pasadas. Para ello, la lectura de historia es esencial, pues esta puede servir como una suerte de oráculo: conociendo los errores y los aciertos de nuestros antepasados, aprenderemos a interpretar los signos de la fortuna. Así, nos convertiremos en decisores sagaces, capaces de usar la fuerza cuando corresponde y la persuasión cuando sea menester. Si nos miramos en el espejo de figuras como Alejandro Magno, César, Hernán Cortés, Rosa Luxemburgo, Stalin o Margaret Thatcher, sabremos cuándo atacar y cuándo esperar, cuándo buscar aliados, cuándo ser duros y cuándo ser amables y suaves. El pasado histórico no es, así, un aburrido repositorio de datos curiosos que solo les interesan a los académicos. Es más bien una bola de cristal en la que descifrar los enigmas del porvenir, un cuchillo arcano con el que desgarrar los velos opacos que encubren lo que vendrá, un derrotero que nos muestra la senda para esquivar en lo posible a la fortuna y conquistar el futuro.

Tiziano. *Alegoría de la Prudencia.* Óleo sobre lienzo.
Fuente: *https://commons.wikimedia.org/wiki/File:Titian_-_Allegorie_der_Zeit.jpg.*

La metáfora ciceroniana de la historia como maestra de vida comporta una concepción circular del tiempo. Me explico. Si creemos que las experiencias de hombres y mujeres que murieron hace ya decenas, cientos o miles de años nos sirven de algo hoy en día, es porque asumimos que hay cosas que no cambian. Más concretamente, damos por hecho que la naturaleza humana no se altera sustancialmente de unas generaciones a otras. Por eso las malas o buenas decisiones de mi abuelo pueden servirme de guía para labrar mi propia vida. El teórico de la historia François Hartog sugiere que esta concepción circular de la historicidad humana entró en crisis con el advenimiento de la modernidad en el siglo XIX[38]. Desde entonces vemos el tiempo más como una línea que como un círculo. Me explico de nuevo. La tremenda aceleración en los cambios tecnológicos, económicos y culturales que ha sobrevenido desde la revolución industrial ha provocado que percibamos la vida de nuestros padres y abuelos como algo totalmente ajeno a nuestras propias experiencias.

¿Qué puedo aprender de un señor o señora que apenas sabe navegar en Internet cuando mi vida depende de las nuevas tecnologías?, ¿qué practicidad puedo extraer de las historias que mi abuela me cuenta de su juventud en el pueblo o en la fábrica si vivo en una megalópolis contaminada y teletrabajo? Sospecho que Maquiavelo y Tiziano responderían que no deberíamos creernos tan especiales y que, de hecho, podemos aprender mucho de las generaciones pasadas y de la historia. Esto porque, por más que hayan variado nuestros contextos tecnológicos y socioeconómicos, nuestra naturaleza lleva millones de años sin cambiar. Al igual que nosotros, Julio César, Isabel II y nuestros abuelos se vieron inmiscuidos en relaciones de poder con otros seres humanos que, como ellos, querían hacer valer su voluntad. Hay cosas que no cambian y la experiencia histórica nos sirve de mucho.

Volvamos a posar nuestras pupilas en el cuadro de Tiziano. Ahora lo entendemos en plenitud. El viejo mira al pasado, el hombre maduro, al presente, y el joven al futuro. Los animales que los acompañan hacen referencia a los roles que definen las edades de la vida: el lobo viejo y astuto, curtido con las enseñanzas del tiempo; el león

---

[38] François HARTOG, *Regímenes de historicidad: presentismo y experiencias del tiempo* (México: Universidad Iberoamericana, Departamento de Historia, 2007).

vigoroso y fuerte, pleno de la energía y la solemnidad que otorga la madurez; el perro aún domesticado y obediente, que hace bien en mantenerse manso y atento ante las enseñanzas de sus preceptores. De repente, el significado del cuadro se hace evidente. Es la historia maestra de vida, el saber de la prudencia que se transmite entre generaciones para que podamos dominar a la taimada fortuna.

El Príncipe de Maquiavelo se basó en la misma idea. Por eso, la mayoría de sus páginas narran las historias ejemplares de los militares y políticos del pasado. Recordemos que la obsesión del florentino era procurar la supervivencia de su ciudad ante los desastres y peligros que la asolaban. Recordemos también que, como algunos otros pensadores florentinos, conceptuaba que dichos desastres y amenazas —invasiones, conflictos intestinos, revueltas, etc.— eran hechura de la «fortuna». Maquiavelo creía que la fortuna se componía de una suma de fuerzas demasiado poderosas como para someterlas plenamente a nuestra voluntad. Sin embargo, no era un estoico. No recomendaba la aceptación como la actitud más acertada frente a las imposiciones del destino, sino la resistencia, la lucha y la conquista. Su recomendación era que el príncipe debía enfrentarse en lo posible a la fortuna para procurar que su voluntad ordenadora prevaleciese sobre la misma. Es cierto que, al igual que el estoicismo, el maquiavelismo acepta que no siempre podemos anteponernos a las fuerzas del destino o de la naturaleza y que es prudente conocer aquello que no podemos cambiar. Pero también es cierto que Maquiavelo enfatiza la voluntad por sobre la aceptación. Llama a subordinar a la fortuna cuando sea posible.

Para ello el príncipe debe aprovechar las «ocasiones», es decir, aquellas oportunidades que le diera el destino para hacer valer sus deseos. No serviría de nada que el príncipe se propusiera invadir otro reino en un momento en el cual este gozaba de riqueza y de cohesión. En este caso, los factores contextuales de la fortuna prevalecerían sobre cualquier intento de alterarlos. Sin embargo, cuando el reino vecino fuese presa del infortunio, por un terremoto, una guerra civil o un tumulto, entonces el príncipe podía aprovechar el momento para tornar la suerte de su lado y anexionar sus dominios. La «ocasión» es, por consiguiente, el margen que deja la fortuna para que un príncipe virtuoso imponga su voluntad sobre los otros y su contexto. Maquiavelo estaba convencido de que la única forma de reconocer las ocasiones y anticipar el decurso del destino era la experiencia histórica. De ahí su famosa sentencia: «El Príncipe debe leer historia y examinar en ella las acciones de los hombres eminentes, viendo cómo se han conducido en las guerras, analizando las causas de sus victorias y de sus derrotas para poder evitar estas e imitar aquellas. Y sobre todo se debe hacer lo mismo que hizo en el pasado cualquier hombre eminente»[39].

El florentino conceptualizaba la «experiencia» en sus dos acepciones. El filósofo estadounidense David Carr ha explicado los sentidos de ambas[40]. Por un lado, tendríamos la experiencia como el conocimiento sensorial directo de los eventos que acontecen en nuestro contexto inmediato. Por otro lado, estaría la experiencia como el conjunto de generalizaciones teóricas que vamos extrayendo de nuestras percepciones sensoriales de la realidad, así como de los testimonios que otros dan de las mismas. Maquiavelo entendía que la experiencia, y más concretamente la experiencia extractada de los testimonios históricos, era una tecnología que servía como ciencia predictiva, permitiendo anticipar cómo se comportarían los otros seres humanos y así tomar ventaja en cualquier juego de poder, aprovechando las ocasiones.

¿Qué se desprende de esta teoría maquiavélica de la experiencia, la prudencia, la predicción y la fortuna de cara a nuestra vida contemporánea? Pues bien, podemos mantener la lógica de todo el capítulo y aseverar que lo que sirvió para los príncipes a quienes interpelaba Maquiavelo en el siglo XVI, puede servir para cualquiera que desee obtener el éxito hoy en día. Al fin y al cabo, las relaciones interpersonales de poder siguen presidiendo nuestra existencia. Seguimos teniendo que confrontar a la fortuna, es decir, a toda una serie de eventos muy difíciles de predecir que devienen de la voluntad de los otros o de fenómenos sociales y naturales complejos. Maquiavelo nos diría que no adoptásemos una postura de aceptación ante tales fuerzas y que apostásemos por imponer nuestra voluntad ante las cosas y los seres que nos rodean. ¿Qué me recomendaría Maquiavelo si, por ejemplo, deseo conseguir una importantísima beca para incorporarme a una multinacional radicada en el extranjero y me la han denegado? No me recomendaría que me resignase. Al contrario. Me diría que me levantase y que diseñase una estrategia. En primer lugar, debería diagnosticar por qué no la he obtenido en esta convocatoria. En segundo

---

[39] MAQUIAVELO, *El Príncipe*, 53.
[40] David CARR, *Experience and History: Phenomenological Perspectives on the Historical World* (Oxford: Oxford University Press, 2014).

lugar, debería tratar de predecir todas las eventualidades que puedan sobrevenir en la siguiente.

¿Cómo lograr esto? Primero, evaluando mi experiencia personal: ¿qué he hecho mal?, ¿qué podría haber mejorado?, ¿en qué he sido débil o deficiente? Después tocaría acumular la experiencia derivada de testimonios ajenos. ¿Por qué no consultar abiertamente a otros que han obtenido la beca y a otros que han fallado en el intento? Probablemente descubra cosas que no están recogidas en el texto oficial de la convocatoria. Puede que me percate de que debo incurrir en prácticas poco ortodoxas, como escribirle a un miembro del tribunal para expresarle mi interés personal en el puesto y caerle simpático; o introducir detalles en mi CV que, aun siendo parcialmente imaginativos, me hagan perfilarme como un candidato dotado para las tareas específicas que requiere la beca. La experiencia derivaría en prudencia y esta en una serie de prácticas maquiavélicas que me darían acceso a la beca.

A nivel más general, Maquiavelo le recomendaría a todo aquel que compita por algo o aspire a algo, que aprendiese la historia de la materia, que elaborase una estrategia y que, de acuerdo con su prudencia, eligiese los medios idóneos para alcanzar sus fines, sin atender a su moralidad o inmoralidad. Los grandes empresarios de hoy día deben conocer la historia del capitalismo, identificando los aciertos y desaciertos de sus predecesores. Los grandes entrenadores, profesores, políticos, líderes de secta, etc., deben hacer lo propio. Toda actividad que implique la gestión del poder debe nutrirse de la experiencia para identificar cuáles son los medios más eficientes para aprovechar las ocasiones que brinda la fortuna.

VII. CONCLUSIÓN

Llegamos al final de Maquiavelo. Creo que hemos aprendido algunas cuestiones básicas, pero esenciales. Que no está nunca de más tratar de analizar nuestra vida profesional, laboral y social en términos estratégicos. Esto es, interpretarla como un juego de poder en el que debemos alcanzar nuestras metas enfrentando los obstáculos que se nos presenten y haciendo buen uso de nuestros medios, que siempre son limitados[41]. Para ello es necesario sintonizar las voluntades

---

[41] John Lewis Gaddis, *Grandes estrategias* (Barcelona: Taurus, 2019).

ajenas con la propia. Hemos comprendido que para lograr nuestros objetivos en este complejo baile de poderes, no basta con ser bueno de acuerdo con estándares morales maximalistas. A veces hay que ser astuto y hasta agresivo porque, de hecho, interactuamos con otros seres humanos que no son ángeles y que desean imponernos su autoridad. ¿Cómo conseguir que su voluntad se someta a la nuestra total o parcialmente?, ¿cómo lograr que los demás actúen como quiero que actúen o al menos que tengan en cuenta mi criterio relacionalmente?

Y ahí está de nuevo el retrato de Maquiavelo. Nos mira con esa sonrisa enigmática. Ya sabemos los secretos que se agazapan tras sus pupilas. Esas pupilas colmadas de observaciones lúcidas y francas. Esas pupilas que contemplaron un mundo tan caótico, emocionante y competitivo como el nuestro propio. ¿Qué nos dicen? Nos susurran que debemos entender a los seres humanos tal cual son, con su racionalidad y su bestialidad. Nos advierten de que no podemos dejarnos guiar por utopías engañosas. Nos avisan de que haremos bien en acopiar las experiencias propias y ajenas y tornarlas en conocimiento, en prudencia. Nos aconsejan que, de acuerdo con tales saberes, no renunciemos a conquistar al futuro y a la fortuna y que aprovechemos las ocasiones que esta nos brinda, convirtiéndonos en versados artesanos de las dos materias primas del poder: la fuerza y la seducción. Solo así viviremos como un verdadero príncipe.

CONCLUSIÓN

EL ARTE DE PERDERSE EN LAS IDEAS

Quisiera cerrar este libro con sencillez, sin estridencias. Al fin y al cabo, su contenido no es tan complicado. Los capítulos anteriores solo se componen de un conjunto de diagnósticos y de consejos que pueden ayudarnos a llevar una vida buena, feliz y emocionante. Aristóteles, Maquiavelo y Epicteto no nos regalan recetas infalibles. No fueron seres cósmicos. No desentrañaron los secretos del universo y de la existencia. Solo fueron personas de carne y hueso que, como todos nosotros, lucharon por atisbar los sentidos, los placeres, las verdades y las bellezas de este mundo tan difícil, misterioso y fascinante al cual nos vemos arrojados. Lo hicieron desde la honestidad y desde el esfuerzo: le dedicaron mucho de su tiempo a comprender la condición humana. Sus conclusiones no respaldan los dogmas que en nuestra época asocian la felicidad con la abolición total del sufrimiento, con el placer material inmediato, con el egoísmo o con la comodidad. Nos legaron un haz de teorías que desafían los sentidos comunes que hoy damos por buenos. Por ello, nos invitan a salir de nosotros mismos, de nuestros prejuicios. En esto reside su valor.

Lo último que pretendía con este texto es que, al finalizar su lectura, tengáis clara cuál ha de ser vuestra trayectoria vital. Si ibais buscando una guía infalible que os revelase un camino claro y fácil hacia la felicidad y el éxito, habéis elegido el libro equivocado. Mi intención era alejarme en lo posible de la lógica de *Google Maps*. Hoy en día, esta aplicación nos muestra en cuestión de segundos cuáles son las vías más directas para llegar sin sobresaltos al destino que nos hemos prefijado. Esto es muy práctico, pero no es bueno si lo extrapolamos a todas las esferas de nuestro quehacer. Cuando la aplicación nos dice cómo ir a un lugar, automatizando nuestros movimientos, nos está privando de un don fundamental de los seres humanos: su capacidad para perderse.

Puede que esto os suene a chiste, pero me explicaré. Si voy con prisa y necesito proveerme rápido de algún utensilio en una tienda, perderme es una mala idea. Pero si he ido a visitar una ciudad para conocerla, ¿es un buen criterio atenerme con rigurosidad a las guías y a los mapas virtuales?, ¿no será posible que, si me dedico al menos un rato a vagar sin rumbo fijo, me encuentre con calles, tiendas, personas y aromas inesperados e inspiradores?, ¿no es atenerme a la trayectoria prefabricada por otros una forma de negarme a mí mismo la irrupción de lo accidental, de lo distinto, de lo sorprendente?

Precisamente lo accidental, lo distinto y lo sorprendente son aquello que nos saca de nosotros mismos, aquello que nos hace crecer. La sociedad asistida de nuestro tiempo, que delega en la tecnología y en la burocracia el diseño de muchos de sus tránsitos y decisiones cotidianas, corre el peligro de renunciar al don de perderse a cambio de algo tan sobrevalorado como la comodidad. Si nos acostumbramos a recurrir a las autoridades digitales y analógicas que programan cómo debemos movernos, vivir y pensar, podríamos terminar por convertirnos en una especie de hámsteres humanoides. Quedaríamos atrapados en una simpática jaula donde no nos faltaría comida, donde podríamos hacer ejercicio en nuestras ruedas y donde no experimentaríamos frío o fatiga. Pero ¿cuál sería el precio? Que careceríamos de libertad, que desconoceríamos que hay algo más allá de los muros de nuestra prisión y que es posible que ese algo nos procure experiencias más placenteras, sublimes y bellas que nada de lo que podemos hallar dentro de la jaula.

Imaginad por un momento un mundo en el que nadie se perdiese, en el que todos permaneciésemos en el espacio de lo conocido, en el que ningún individuo se arrojase al terreno inexplorado de la aventura. Y digo esto porque la aventura consiste en el arte de perderse voluntariamente. Es un salir de la esfera de lo conocido. Sin esta la existencia sería bastante aburrida. Nuestra sed de aventuras, que es connatural a la condición humana, desmiente las proclamas a las que nos tiene habituados el culto a la comodidad, a la seguridad, al placer instantáneo y al egoísmo. Si admiramos a los héroes que campan en nuestras ficciones, es precisamente porque desafían estos mantras.

¿No habría sido más fácil para Leia Skywalker permanecer en su mansión de Alderaan, donde podría haber vivido sin sobresaltos y entre riquezas hasta el fin de sus días, en lugar de salir a enfrentarse al Imperio Galáctico?, ¿no habría sido mejor para Ulises dejarse atrapar en los sensuales brazos de la bruja Circe en lugar de arrojarse a los mares para retornar a Ítaca?, ¿no habría sido más placentero para Bilbo Bolsón no salir de Hobbiton, para Neo y Trinity quedarse en la Matrix o para los gorditos complacidos de Wall-E dejarse gobernar por la Inteligencia Artificial? Todos estos personajes heroicos renuncian al placer instantáneo, abandonan sus espacios seguros y se arrojan a lo desconocido. Saben, por cierto, que sufrirán, pero que descubrirán lo distinto y lo inesperado y que, probablemente, mejorarán la vida de sus semejantes con sus acciones. Admiramos a los héroes porque son libres, porque son altruistas y porque son curiosos. Admiramos a los héroes porque se pierden. Y perderse les permite hallar lo más elevado de sí mismos y de los otros.

El objetivo oculto de este libro era ese, que os perdieseis, que emprendieseis una pequeña aventura intelectual, que os evadieseis de las filosofías hedonistas, individualistas y materialistas que imperan hoy y que pretenden constituirse en nuestras cárceles invisibles. Mi plan era que abandonaseis esas avenidas que presiden los mapas mentales de nuestra época y que os desviaseis hacia las calles olvidadas del aristotelismo, el estoicismo y el maquiavelismo. Cada uno de estos ha sido solo una excusa para perderse, para liberarse y para, en adelante, comenzar a recorrer el futuro con la libertad de quien sabe que hay muchos modelos de virtud, de bondad, de autoridad y de felicidad, todos los cuales podemos emplear con creatividad para delinear nuestros proyectos. Todo esto, por supuesto, cuesta. Es incómodo. Pensar duele y cansa. Cuestionarse las propias premisas comporta sufrimiento. Es un acto heroico. Pero trae consigo recompensas no menores.

Para cerrar el libro, debo confesar que yo no he tenido que ser muy heroico para escribirlo. No me ha costado tanto elaborar sus capítulos. Esto se debe a que casi todo lo que afirmo en ellos lo he ido pergeñando poco a poco en las clases de filosofía que les imparto a mis estudiantes de primer año desde hace ya varios cursos. Si llegué a la conclusión de que el aristotelismo, el estoicismo y el maquiavelismo podían ser útiles para un abanico muy amplio de lectores, es porque las lecciones universitarias, así como las relaciones que se entablan a partir de estas, me han servido como una especie de laboratorio. He comprobado que las corrientes descritas ayudan a mis alumnos a mirar de otro modo los problemas que les aquejan y a hacerles frente de manera más inteligente.

Ellos, a los que les dedico el libro, me han demostrado lo falaz que es pensar que las nuevas generaciones son simples rebaños de llorones de cristal, que además están abducidos por las redes sociales e Internet. Es cierto que, como muchos adultos y ancianos, en general estos jóvenes son bastante adictos a las pantallas. Además, ante la crisis de valores y horizontes consensuales que viven las democracias occidentales, pocos se muestran interesados *a priori* por nada que trascienda su disfrute personal o sus obligaciones académicas estrictas.

Pero esto es solo la superficie. En cuanto comenzamos a compartir lecturas, emergen del letargo de las pantallas y demuestran que son seres humanos inquietos, originales y concernidos con el sentido de la vida social. Yo siempre les digo, como ya lo he reiterado aquí en varias ocasiones, que las filosofías que exploramos no son mandatos del cielo. El CORE —así se llama el programa de asignaturas humanísticas que todos deben cursar—, les anuncio, no os proveerá con la respuesta mágica a todas vuestras preguntas, sino con una caja de herramientas vitales muy diversas. Mi misión es que aprendan a utilizarlas por sí mismos con sabiduría.

A veces, cuando tomamos confianza y vienen a consultarme qué hacer en determinadas situaciones personales, llegamos a aplicar esta máxima. Algunos acuden a mi oficina furiosos, ya que han peleado con sus amigos o sus parejas, o tienen que pasar por un proceso disciplinario que consideran injusto. En esta tesitura, suelo aprovechar para demostrarles cuál es el uso de la filosofía y les respondo, ¿qué te habría recomendado Aristóteles, qué te habría dicho Epicteto, qué habría pensado Maquiavelo? Ellos mismos, si es que han leído como deben, infieren las respuestas. Aristóteles, ante un conflicto, me habría llamado a no dejarme llevar por mi ira, sino a utilizar esta para defender mi postura con argumentos racionales. Es decir, me habría invitado a practicar la virtud de la valentía cuando me enfrento a una disputa con mis semejantes o una injusticia recae sobre mí. Epicteto me sugeriría que analizase con calma los distintos elementos del conflicto, que discerniera aquello que puedo arreglar y aquello que no depende de mí y que emplease mi poder opinativo para verlo desde la óptica más conducente a la paz y a la reconciliación. Maquiavelo, por su parte, haría énfasis en que, si quiero salir airoso de estas lides, debo consultar la experiencia de aquellos que han pasado por situaciones similares y elaborar una estrategia que aplique con destreza la fuerza y la persuasión. Como veis, las tres corrientes tienen la virtud de aprovisionarnos con marcos de pensamiento que son muy prácticos y que pueden llegar a ser complementarios entre sí. Se trata de conocer sus ideas, de tenerlas presentes y de utilizarlas de acuerdo con nuestro propio intelecto.

Podría dar varios otros ejemplos. A veces los estudiantes llegan tristes. Muchos están deprimidos por las presiones de la carrera, por los desgarros de sus familias o por las dinámicas hiperbólicas e hirientes de las redes sociales. Y, muchas veces, les ayuda recordar los prismas que proponen el aristotelismo, el estoicismo y el maquiavelismo. «No te derrumbes, acepta el destino como te ha venido dado y haz lo que esté en tu mano para reconciliarte con la vida», «no te dejes engañar por las apariencias de los vanidosos y por las odas a la hiperactividad, disfruta del ocio, de los amigos, del conocimiento», «no huyas de todo sufrimiento, algunos valen la pena para acceder al placer sumo de la virtud», «no te parapetes en tu soledad complaciente, búscate en los otros, aspira al poder bien entendido, conquista las cosas elevadas que tu corazón desea». Aristóteles, Epicteto y Maquiavelo se convierten en consejeros, en compañeros de vida, en ráfagas de aire que ayudan a que nuestra conciencia vuele más libre. Por supuesto, estos solo son tres olas en el mar. Hay muchas otras escuelas filosóficas que pueden contribuir a que vayamos más allá de nuestras cárceles invisibles. Así que, cuando cerréis este libro, no dejéis de abrir el siguiente.

Con esto le decimos adiós, por ahora, a Aristóteles, Epicteto y Maquiavelo. Espero que lo hayáis pasado bien jugando con sus ideas. Al final, de eso se trata filosofar, de jugar imaginativamente con lo que creemos y con lo que somos. Y esa capacidad que todos compartimos es, en sí misma, una fuente invaluable de éxito y de felicidad. Ejercitándola prolongamos el baile inagotable entre la vida y la muerte, entre la razón y el deseo, entre el poder y la justicia, triunfando una vez más frente a la letargia temible de la mismidad y de la nada.

BIBLIOGRAFÍA Y FILMOGRAFÍA

I. BIBLIOGRAFÍA

ACEMOGLU, Daron y James A. ROBINSON. *Por qué fracasan los países los orígenes del poder, la prosperidad y la pobreza*. Barcelona: Ed. Deusto, 2014.

ACKERMAN, Diane. *Una historia natural de amor*. Madrid: Anagrama, 2000.

ALONSO FERNÁNDEZ, Marcos. «Memory, Neuroscience and Memory Enhancement». *Canadian Journal of Bioethics / Revue Canadienne de Bioéthique* 3, núm. 1 (2020): 1-9. *https://www.erudit.org/fr/revues/bioethics/2020-v3-n1-bioethics05237/1068759ar*.

ARIÈS, Philippe. *Historia de la muerte en Occidente: desde la Edad Media hasta nuestros días*. Barcelona: El Acantilado, 2000.

ARISTÓTELES. *Ética Nicomaquea*. Santiago de Chile: Biblioteca Nueva, 2017.

— *La Política*. Santiago de Chile: Biblioteca Nueva, 2017.

ASO MIRANDA, Laura. «El triunfo de la apariencia sobre el ser: la construcción de la identidad mediante el consumo continuo de experiencias y su exhibición en redes sociales». Tesis doctoral, Universitat de Barcelona, 2021.

BAKER, Nicholas Scott. *The Fruit of Liberty: Political Culture in the Florentine Renaissance, 1480-1550*. I Tatti Studies in Italian Renaissance History. Harvard: Harvard University Press, 2013.

BAUMAN, Zygmunt. *Vida de consumo*. Fondo de Cultura Economica, 2012.

— *Vida líquida*. Barcelona: Ediciones Paidós, 2021.

BECKER, Lawrence C. *A New Stoicism*. Princeton: Princeton University Press, 2017.

BERNAYS, Edward. *Propaganda: La Mente Pública en Construcción*. Stanford Inversiones Spa, 2024.

BOWDEN, Brett. *The Empire of Civilization: The Evolution of an Imperial Idea*. Chicago: University of Chicago Press, 2009.

BRUSSEE, Vincent. *Social Credit: The Warring States of China's Emerging Data Empire*. Springer Nature, 2023.

CABANAS, Edgar, y Eva ILLOUZ. *Happycracia: cómo la ciencia y la industria de la felicidad controlan nuestras vidas*. Madrid: Paidós, 2019.

CARR, David. *Experience and History: Phenomenological Perspectives on the Historical World*. Oxford: Oxford University Press, 2014.

— «Narrative Explanation and Its Malcontents». *History and Theory* 47, núm. 1 (1 de febrero de 2008): 19-30. *https://onlinelibrary.wiley.com/doi/10.1111/j.1468-2303.2008.00433.x*.

COONTZ, Stephanie. *Historia del matrimonio: Cómo el amor conquistó el matrimonio*. Barcelona: Gedisa, 2006.

CRUZ, Manuel. *Ser sin tiempo*. Barcelona: Herder Editorial, 2018.

DROLLET, Michael. «Michel Foucault and the Genealogy of Power and Knowledge». En *A companion to intellectual history*, editado por Richard Whatmore y Brian Young, 83-96. Malden MA: Blackwell, 2016.

EPICTETO. *Manual y Disertaciones por Arriano*. Madrid: Gredos, 2001.

ESCRIBANO ROCA, Rodrigo, y Pablo Andrés GUERRERO OÑATE. «Navalism and Imperial Culture in Spain: The origins and celebration of the Chincha Islands War (1834-1868)». *The Mariner's Mirror* 109, núm. 3 (3 de julio de 2023): 297-314. *https://www.tandfonline.com/doi/full/10.1080/00253359.2023.2225312*.

ESCRIBANO ROCA, Rodrigo, y Rebeca VIÑUELA PÉREZ. «Esquelas transatlánticas. El mito de Bolívar en las culturas políticas de la Monarquía española (1824-1850)». *Aportes. Revista de Historia Contemporánea* 39, núm. 114 (30 de abril de 2024). *https://www.revistaaportes.com/index.php/aportes/article/view/826*.

FERNÁNDEZ-ARMESTO, Felipe. *Más allá de nuestras mentes: Qué pensamos y cómo llegamos a pensarlo*. Barcelona: Roca Editorial, 2020.

FERRY, Luc. *La revolución transhumanista*. Madrid: Difusora Larousse–Alianza Editorial, 2018.

FINK, Jakob Leth. *The Development of Dialectic from Plato to Aristotle*. Cambridge University Press, 2012.

FLATHMAN, Richard. *Willful Liberalism: Voluntarism and Individuality in Political Theory and Practice*. Cornell University Press, 2018.

FONDEBRIDER, Jorge. *Historia de los hombres lobos*. Santiago de Chile: LOM Ediciones, 2016.

FOSTER, Jonathan K. *Memory: A Very Short Introduction*. OUP Oxford, 2009.

GADDIS, John Lewis. *Grandes estrategias*. Barcelona: Taurus, 2019.

GARCÍA FERNÁNDEZ, Gonzalo Andrés, y Rodrigo ESCRIBANO ROCA. «Gamificación, pandemia y aprendizaje de la historia de las ideas. Experimentos en el contexto Core Currículum». *RIED-Revista Iberoamericana de Educación a Distancia* 26, núm. 2 (10 de abril de 2023): 69-87. *https://revistas.uned.es/index.php/ried/article/view/36246*.

GARCÍA JURADO, Roberto. «Maquiavelo y los Médicis». *Polis* 9, núm. 2 (2013): 151-75.

GILMAN, Sander L., y Zhou XUN. *Smoke: A Global History of Smoking*. Reaktion Books, 2004.

GÓMEZ ESPELOSÍN, Francisco Javier. *Historia de Grecia Antigua*. Madrid: Akal Ediciones, 2001.

GONZÁLEZ MARTÍNEZ, Alfredo. «El anarquismo». En *Ideas y formas políticas: del triunfo del absolutismo a la posmodernidad*, editado por Pedro Carlos González Cuevas y Ana Martínez Arancón, 323-36. Madrid: UNED, 2014.

GOYA Y LUCIENTES, Francisco de. *El sueño de la razón produce monstruos*. 1799. Grabado. The Nelson-Atkins Museum of Art.

GRISKEVICIUS, Vladas, Joshua M. ACKERMAN y Joseph P. REDDEN. «Why we buy: Evolution, marketing, and consumer behaviour». En *Applied Evolutionary Psychology*. Oxford: Oxford University Press, 2012. *https://academic.oup.com/book/8882/chapter-abstract/155136360?redirectedFrom=fulltext*.

GUMBRECHT, Hans Ulrich. *Our Broad Present: Time and Contemporary Culture*. New York: Columbia University Press, 2014.

HAN, Byung-Chul. *La sociedad del cansancio*. Barcelona: Herder, 2012.

— *Sobre el poder*. Herder Editorial, 2016.

— *Vida contemplativa: Elogio de la inactividad*. Madrid: Taurus, 2023.

HARDACRE, Helen. *Shinto: A History*. New York: Oxford University Press, 2017.

HARTOG, François. *Regímenes de historicidad: presentismo y experiencias del tiempo*. México: Universidad Iberoamericana, Departamento de Historia, 2007.

HEERSMINK, Richard. «The Narrative Self, Distributed Memory, and Evocative Objects». *Philosophical Studies* 175, núm. 8 (1 de agosto de 2018): 1829-49. *https://link.springer.com/article/10.1007/s11098-017-0935-0*.

HERMOSA ANDÚJAR, Antonio. «La actualidad del pensamiento político de Maquiavelo». *Co-herencia* 10, núm. 19 (diciembre de 2013): 13-36.

HERMSEN, Joke J. *La melancolía en tiempos de incertidumbre*. Madrid: Siruela, 2019.

HIBBERT, Christopher. *The Rise and Fall of the House of Medici*. London: Penguin UK, 2001.

HOBBES, Thomas. *El Leviatán*. Santiago de Chile: Ediciones Tácitas, 2019.

HUXLEY, Aldous. *Brave New World*. New York: Harper and Rose, 1932.

INWOOD, Brad. *Stoicism: A Very Short Introduction*. Oxford University Press, 2018.

ISRAEL, Jonathan I. *La Ilustración radical: La filosofía y la construcción de la modernidad, 1650-1750*. México: Fondo de Cultura Economica, 2017.

KEUCHEYAN, Razmig. *Las necesidades artificiales: Cómo salir del consumismo*. Madrid: Ediciones AKAL, 2021.

KING, Ross. *Machiavelli: Philosopher of Power*. Harper Collins, 2009.

KINNA, Ruth, y Alex PRICHARD. «Anarchism and non-domination». *Journal of Political Ideologies* 24, núm. 3 (2 de septiembre de 2019): 221-40. *https://www.tandfonline.com/doi/full/10.1080/13569317.2019.1633100*.

LASSALLE, José María. *El liberalismo herido: reivindicaci??n de la libertad frente a la nostalgia del autoritarismo*. Barcelona: Arpa, 2021.

LIPOVETSKY, Gilles. *Gustar y emocionar: Ensayo sobre la sociedad de la seducción*. Barcelona: Anagrama, 2020.

— *La consagración de la autenticidad*. Anagrama, 2024.

LOMELÍ PONCE, Javier. «Posverdad y psicopolítica». *Análisis: revista colombiana de humanidades*, núm. 95 (2019): 347-64.

MANN, Michael. *Las fuentes del poder social*. Alianza, 1997.

MANNIX, Daniel Pratt. *The Fox and the Hound*. London: Longmans, 1968.

MAQUIAVELO, Nicolás de. *Discursos sobre la primera década de Tito Livio*. Editado por Ana Martínez Arancón. Madrid: Anaya, 2000.

— *El Príncipe*. Santiago de Chile: Biblioteca Nueva, 2016.

MARCO AURELIO. *Meditaciones*. Madrid: Alianza Editorial, 1999.

McMAHON, Darrin M. *The Pursuit of Happiness: A History from the Greeks to the Present*. London: Penguin Books, 2007.

McNALLY, David. *Monsters of the Market: Zombies, Vampires and Global Capitalism*. Leiden: Brill, 2011.

MIGUEZ DE SANTA CRUZ, Antonio. «Lo que Miyazaki nos quiso decir. Ecologismo y hermenéutica detrás de Mononoke Hime». *Fotocinema: revista científica de cine y fotografía*, núm. 9 (2014): 189-219.

MILL, John Stuart. *Sobre la libertad*. Santiago de Chile: Biblioteca Nueva, 2018.

MILLER, Geoffrey. *Spent: Sex, Evolution, and Consumer Behavior*. Penguin Publishing Group, 2010.

MORENO, Fernando Ángel. *La ideología de Star Wars*. Guillermo Escolar Editor, 2018.

MORENO JERIA, Rodrigo. *Florencia y el Renacimiento: epicentro de la creatividad*. Lima: Ernst & Young, 2021.

MORFORD, Mark P. O. *The Roman Philosophers: From the Time of Cato the Censor to the Death of Marcus Aurelius*. Psychology Press, 2002.

MORO, Tomás. *Utopía*. Madrid: Círculo de Bellas Artes, 2011.

MUMFORD, Lewis. *The Story of Utopias: Ideal Commomwealths and Social Myths*. New York: Viking Press, 1962.

NAÍM, Moisés. *El fin del poder: Empresas que su hunden, militares derrotados, papas que renuncian y gobiernos impotentes: Cómo el poder ya no es lo que era*. Colombia: Penguin Random House Grupo Editorial S.A.S., 2013.

NEWMAN, Michael. *Socialism: A Very Short Introduction*. Oxford University Press, 2020.

NEWMAN, Saul. «The libertarian impulse». *Journal of Political Ideologies* 16, núm. 3 (1 de octubre de 2011): 239-44. *https://www.tandfonline.com/doi/abs/10.1080/13569317.2011.607286*.

NYE, J. *Soft Power: The Means to Success in World Politics*. New York: Public Affairs, 2004.

ORGANIZACIÓN MUNDIAL DE LA SALUD (OMS). «Informe mundial sobre salud mental: Transformar la salud mental para todos», 2022.

OVIDIO. *Metamorfosis*. Madrid: Alianza, 2005.

OWEN, Robert. *The Book of the New Moral World : Containing the Rational System of Society, Founded on Demonstrable Facts, Developing the Constitution and Laws of Human Nature and of Society*. London: E. Wilson, 1836.

PABST, Adrian, y John MILBANK. *The Politics of Virtue: Post-Liberalism and the Human Future*. Rowman & Littlefield International, 2016.

POCOCK, J. G. A. *El Momento maquiavélico: el pensamiento político florentino y la tradición republicana atlántica*. Madrid: Tecnos, 2008.

POPPER, Karl R. *La sociedad abierta y sus enemigos*. Barcelona: Grupo Planeta (GBS), 2010.

— «Utopia and Violence». *World Affairs* 149, núm. 1 (1986): 3-9.

RAMOS, Juanjo. *El síndrome FOMO: Cómo detectarlo y superarlo*. XinXii, 2021.

REDEKER, Robert. *Egobody: la fábrica del hombre nuevo*. Bogotá: Fondo de Cultura Económica, Luna Libros, 2014.

RUEDA, Luis Sáez. *El ocaso de occidente*. Barcelona: Herder Editorial, 2015.

RUSSELL, Bertrand. *Elogio de la ociosidad*. Barcelona: Edhasa, 2021.

SAN AGUSTÍN DE HIPONA. *La ciudad de Dios*. Madrid: Tecnos, 2013.

SANDEL, Michael J. *La tiranía del mérito: ¿Qué ha sido del bien común?* Penguin Random House, 2020.

SANTO TOMÁS DE AQUINO. *Suma de Teología*. Madrid: Biblioteca de Autores Cristianos, 2017.

SATTLER, Barbara M. y Ursula COOPE. *Ancient Ethics and the Natural World*. Cambridge University Press, 2023.

SCHMITT, Carl. *El concepto de lo político: texto de 1932 con un prólogo y tres corolarios*. Alianza, 2014.

SCHULDT, Jürgen. *Civilización del desperdicio: psicoeconomía del consumidor*. Universidad del Pacífico, 2013.

SÉNECA, Lucio Anneo. *La brevedad de la vida*. Barcelona: Herder Editorial, 2024.

SIEDENTOP, Larry. *Inventing the Individual: The Origins of Western Liberalism*. Cambridge (Massachuset): Harvard University Press, 2014.

SIMÓN, Pablo. *El príncipe moderno: Democracia, política y poder*. Madrid: Debate, 2018.

SMITH, Adam. *La Riqueza de las Naciones*. Santiago de Chile: Biblioteca Nueva, 2018.

SOLER, Lluís. *El arte de emocionarse: la servidumbre de los sentimientos en la época de lo cool*. Madrid: Alfabeto, 2019.

STEINER, George. *Nostalgia del absoluto*. Madrid: Siruela, 2011.

TAYLOR, Philip M. *Munitions of the Mind: A History of Propaganda*. Manchester University Press, 2003.

TELEMUNDO. «¿Perturbador? Los robots que imitan a los muertos». *Telemundo New York (47)* (blog), 29 de diciembre de 2018. *https://www.telemundo47. com/noticias/video-robot-etsuko-ichihara-imitan-a-familiares-muertos-tecnologia-tokio-japon/1949013*.

TRAVERSO, Enzo. *Melancolía de la izquierda después de las utopías*. Barcelona: Galaxia Gutenberg, 2019.

VALLESPÍN, Fernando. *La sociedad de la intolerancia*. Barcelona: Galaxia Gutenberg, 2021.

VILLARROEL, Tomás. «Imaginarios de un idilio agrícola: Colonia Dignidad en la prensa escrita después de las denuncias de Amnesty International». *Anales de Literatura Chilena*, núm. 40 (11 de diciembre de 2023): 209-27. *https:// ojs.uc.cl/index.php/alch/article/view/71095.*

—— «Un enclave de indignidad. La fuga de Wolfgang Müller y los primeros años de Colonia Dignidad en Chile (1961-1966)». *Historia (Santiago)* 53, núm. 2 (diciembre de 2020): 661-90. *https://www.scielo.cl/scielo.php?script=sci_arttext&pid=S0717-71942020000200661&lng=en&nrm=iso&tlng=en.*

WEBER, Max. *La Política Como Vocación.* CreateSpace Independent Publishing Platform, 2016.

WOLLSTONECRAFT, Mary. *Vindicación de los derechos de la mujer.* Santiago de Chile: Ediciones Akal, 2018.

XAVIER, Marlon. *Subjectivity, the Unconscious and Consumerism: Consuming Dreams.* Springer, 2018.

ZUBOFF, Shoshana. *La era del capitalismo de la vigilancia: la lucha por un futuro humano frente a las nuevas fronteras del poder.* Barcelona: Paidós, 2020.

II. FILMOGRAFÍA

«Asimilación autoerótica». *Rick y Morty.* Adult Swim, 2015.

Avatar. 20th Century Fox, 2009.

Canino. Boo Productions, Greek Film Center, Horsefly Productions, 2009.

Captain Fantastic. Electric City Entertainment, ShivHans Pictures, 2016.

Ciudad de Dios. O2 Filmes, VideoFilmes, Globo Filmes, Wild Bunch, Lumière, Studiocanal, Hank Levine Film, Lereby Produções, 2002.

La princesa Mononoke. Studio Ghibli, 1997.

Lincoln. 20th Century Fox, DreamWorks SKG, Amblin Entertainment, The Kennedy/Marshall Company, Participant Media, Reliance Entertainment, Dune Entertainment, 2012.

«Mr. Garrison´s Fancy New Vagina». *South Park.* Comedy Central, 2005.

La Isla de las Tentaciones. Cuarzo Producciones; Mediaset España, 2020.

Pocahontas. Walt Disney Productions, 1995.

Ratatouille. Walt Disney Pictures; Pixar Animation Studios, 2007.

Titanic. 20th Century Studios; Paramount Pictures, 1997.

Toy Story 3. Pixar Animation Studios; Walt Disney Pictures, 2010.

Tropa de Élite. Zazen Produções, Feijão Filmes, The Weinstein Company, Estúdios Mega, Universal Pictures, Costa Films, Quanta Centro de Produções Cinematográficas, 2007.

«Vendiéndolo Todo». *Bob Esponja.* United Plankton Pictures; Nickelodeon Productions, 2005.

«Vientos de invierno». *Juego de Tronos.* HBO, 2016.

Wall-E. Pixar Animation Studios; Walt Disney Pictures, 2008.

Supernanny. Magnolia TV, 2017 de 2006.

The Walking Dead. AMC Networks, 2019 de 2010.